Weitere Titel aus der Reihe BLV Kochpraxis

Vincenzo Buonassisi   Nudel & Nudel
Rotraud Degner   Ideenreiche Resteküche
Gunvar Dumrath   Paradiesische Apfelküche
Veronika Müller   Überbackenes, Aufläufe und Puddings
Emil Reimers   Köstliches aus der Pilzküche
Annette Sander   Eintopfküche für Feinschmecker

BLV Verlagsgesellschaft
München Wien Zürich

Helga Tenschert

Engelsbrot und Eisenkuchen

Mit Oblaten backen nach alten Rezepten

CIP-Kurztitelaufnahme der Deutschen Bibliothek

Tenschert, Helga:
Engelsbrot und Eisenkuchen: mit Oblaten backen
nach alten Rezepten / Helga Tenschert. –
München; Wien; Zürich: BLV Verlagsgesellschaft, 1983.
(BLV Kochpraxis)
ISBN 3–405–12853–6

Titelfoto aus: Christoph Weigel,
Abbildung der Gemein-Nützlichen Haupt-Stände . . .,
Regensburg 1698

Gesamtherstellung: Friedrich Pustet, Regensburg

Printed in Germany · ISBN 3-405-12853-6

Inhalt

Zu diesem Buch

Mit gewohnter Selbstverständlichkeit bedienen wir uns in der häuslichen Bäckerei der Oblate: sei es, um wenig stabilen Gebäcksorten (wie z. B. Makronen) eine Unterlage zu geben, sei es, um auf diese Weise stark klebende Teige (wie z. B. Honiglebkuchen) vom Backblech zu trennen. Weitere Vorzüge der Oblate, die ja unter anderem auch das gleichmäßige Portionieren erleichtert, das Backergebnis verbessern hilft und schließlich das fertige Gebäck länger frisch hält, nehmen wir zur Kenntnis, ohne der nützlichen Backhilfe einen weiteren Gedanken zu schenken. Nur als Kinder haben wir uns darüber gewundert, daß die Hostien in der Kirche gerade so aussehen und schmecken wie Mutters Backoblaten.

Wie der Leser bald feststellen wird, gibt die Oblate im Laufe ihrer langen Geschichte aber noch weiteren Anlaß zum Wundern. Denn in ihrer viele Jahrhunderte alten Tradition hat sie – neben der Funktion als Backhilfe – noch allerhand andere denk- und merkwürdige Anwendungen erfahren. Dieses Buch soll ein Licht auf die vielfältige Geschichte der nur scheinbar unscheinbaren Oblate werfen. Gleichzeitig wird zu sehen sein, daß unser »Gegenstand« sogar eine Art Schlüssel zur Geschichte des Backens darstellt, da die bevorzugte Verwendung der Oblate sich aus den äußeren Umständen erklärt, die die Nahrungszubereitung in alter Zeit bestimmten.

Die nun folgenden Kapitel wollen aber vor allem auch praktische Anregungen geben: So sind sämtliche hier zusammengestellten Backrezepte ausnahmslos aus alten Kochenbüchern ausgewählt (der untersuchte Zeitraum reicht etwa von Ludovicus de Avilas »Bancket oder Gastmal der Hofe und Edelleut . . .« (1563) bis zu Katharina Pratos »Süddeutscher Küche« von 1917), aber sie wurden alle ausprobiert und für den modernen Gebrauch bearbeitet.

Geschrieben wurde dieses Buch im dauernden Gedenken an eine der bedeutendsten Verfasserinnen von Büchern über den Gesamtbereich der Gastronomie und deren Geschichte: Erna Horn. Vor Jahren schon hatte sie den Plan zu einem »Oblatenbuch« gefaßt, auch schon eine stattliche

Materialsammlung angelegt. Daß ich diese benutzen und darüber hinaus in der einzigartigen Arndtschen Kochbuchsammlung einen Großteil meiner Recherchen absolvieren durfte, verdanke ich den verehrten ehemaligen Mitarbeiterinnen Erna Horns, Therese Arndt-Dengler und Emilie Arndt-Meislinger, die mich zu dieser Arbeit ermunterten. Sie stellten mir auch verschiedene wertvolle Originalausgaben des 16.–18. Jahrhunderts wochenlang zur Verfügung und erlaubten darüber hinaus, einen Großteil der Abbildungen in diesem Buch aus Werken der Arndtschen Bibliothek zu übernehmen. Möge sich dieses Büchlein sowohl der bewunderten Vorgängerin in diesem Thema als auch der großzügigen »Patinnen« würdig erweisen.

Zuletzt bleibt der Wunsch, daß die Leserin und der Leser gleichermaßen Gefallen an den Oblatengeschichten wie den -rezepten finden mögen und daß die Begeisterung, mit der Nachstehendes geschrieben wurde, in jedem Zeltchen und Busserl zu schmecken sei.

Helga Tenschert

Weinrauch f.

Die Küche wie sie seyn sollte.

Über das Kochen und Backen
nach alten Rezepten

Wer heute nach der Devise »Wer lesen kann, kann auch kochen« ein altes Kochbuch zur Hand nimmt, um nach einer hundert oder mehr Jahre alten Anweisung z. B. einen Kuchen zu backen, wird bald irritiert von seinem Vorhaben ablassen. Zu viele Hindernisse stellen sich dem in den Weg, der von modernen Kochbüchern klare Vorschriften und eindeutige Anweisungen gewöhnt ist. Bereits an der Sprache kann er scheitern. Diese ist, da es in früheren Jahrhunderten ja keine dem »Duden« vergleichbare Sprachnorm gab, stark regional gefärbt und, besonders bei handgeschriebenen Kochbüchern, in der Schreibweise mehr als eigenwillig (Kostproben davon finden sich in diesem Buch).

Meist kann der Satzzusammenhang helfen, um zu verstehen, daß etwas, was von »Schöllern« oder »Schelfen« zu befreien ist, geschält werden soll, und nach einiger Lektüre wird sich keiner mehr über »Gefühlte Küchlein« oder »Buschquit-Krengel« wundern. Schwieriger wird es schon, wenn uns ganz unbekannte Begriffe auftauchen, sei es, daß die Bezeichnung heute ungebräuchlich ist (wie z. B. »Schärtlein« für eine Backform oder Pfanne), oder daß die Sache selbst uns Heutigen unbekannt ist (wie die »Dortenpfanne«, über die im weiteren noch zu lesen sein wird).

Kaum mehr nachvollziehbar sind dann schließlich die Angaben über Maße und Gewichte. Wer kann auf Anhieb sagen, wieviel ein »Quint«, ein »Seidlein« oder gar ein »Diethäuflein« Zucker ist? Glauben wir immerhin zu wissen, wieviel ein Pfund sei, so müssen wir überrascht feststellen, daß ein hessisches Pfund nicht mit dem bayerischen übereinstimmt und für fast jedes Fürstentum eine eigene Regelung galt (die Vereinheitlichung der Maße beginnt erst im 19. Jahrhundert). Manche Angaben mögen für die Zeitgenossen ja durchaus eindeutig gewesen sein – so beispielsweise, wenn für 3 Kreuzer Nelken benötigt werden –, und doch können wir damit nichts anfangen. Allzuoft fehlen Mengenangaben auch ganz, und man muß sich mit einer summarischen Aufzählung der

9

Zutaten zufriedengeben; wie es überhaupt die Autoren mit der Genauigkeit nicht gar so wichtig nehmen.

Selten findet man alte Kochbücher, die sowohl Zutaten und ihre Mengen wie auch den Vorgang der Herstellung zuverlässig beschreiben (hier wäre besonders der »Pastissier François« von 1653 zu loben). Gelegentlich ist schon die reine Aufzählung der Zutaten lückenhaft (»Würtz es ab nach belieben«), während der Arbeitsvorgang meist nur andeutend beschrieben wird und man uns oft an entscheidenden Punkten ratlos läßt. Schließlich waren Back- und Kochkenntnisse keine Bücherweisheiten, die Autoren konnten praktische Erfahrung in jedem Fall voraussetzen und sich mit eher pauschalen Angaben begnügen. Außerdem hätte eine detailgetreue Darstellung jedes Rezepts den Umfang eines Buches verdoppelt, ja verdreifacht, was schon aus Kostengründen nicht zu realisieren gewesen wäre. Vielleicht aber sollte auch »die Geheimnuß«, wie es in schönem Barockdeutsch heißt, mancher Zubereitung nicht ans Licht geholt werden – bei etlichen gar zu allgemein gehaltenen Vorschriften könnte man auf diesen Gedanken kommen.

Aber wenn selbst alle diese Verständnisschwierigkeiten ausgeräumt sind, könnten wir keineswegs sicher sein, daß das Ergebnis unserer Bemühung in jedem Fall zur Freude unseres Gaumens ausfällt. Denn nicht immer lassen sich die Rohstoffe von damals mit denen von heute gleichsetzen. Das Mehl, dessen Güte die Beschaffenheit eines Teigs entscheidend beeinflußt, war keineswegs so fein ausgemahlen und wurde schon gar nicht in ähnlich gleichbleibender Qualität angeboten wie heute. Andere Zutaten, wie z. B. Gelatine, waren sicher nicht in der Reinheit erhältlich, so daß uns heute eine geringere Menge, als in alten Rezepten angegeben, genügen kann.

Schließlich ist zu bedenken, daß sich mit den gesamten Lebensumständen auch die Geschmacksvorstellungen entscheidend geändert haben. Wie in Kochbüchern der vergangenen Jahrhunderte zu lesen ist, liebten unsere Altvorderen stark gewürzte Speisen. Das war bei Fleischgerichten sicher oft notwendig, da die Frischhaltung ja äußerst problematisch war; aber es konnte auch immer als Zeichen von Wohlstand gelten, wenn mit den exotischen – und daher kostbaren – Gewürzen so großzügig umgegangen wurde. Dabei gab es Zusammenstellungen, ja überhaupt Gewürze (z. B. Krokus) oder Zutaten (wie Tragant), die uns heute ganz ungenießbar

erscheinen. Man wird auch annehmen müssen, daß die fremdländischen Gewürze damals einiges an Intensität verloren hatten, wenn sie nach ihrer viele Monate währenden Reise am Bestimmungsort angelangt waren. Nicht selten wurden die teuren Gewürze auch von betrügerischen Händlern gefälscht und gestreckt. Nicht umsonst warnt das »Brandenburgische Kochbuch« der Sophie Maria Schellhammer von 1732 vor solchen Praktiken: ». . . weilen auch unter dem Gewürtz ein großer Unterscheid und Betrug fürgehet, muß man sich billig in Acht nehmen, und für allen kein gestoßen Gewürtz von den Krämern nehmen, denn ihrer viele solches vermischen und anstatt Pfeffer verbrannt Brot, anstatts der Nägelcken, das Nägelcken Holz, oder wohl gar aufgedürrete Walnußschalen und dergleichen mehr verkaufen.«

Trotz all dieser Einsichten bleiben Rätsel zurück: Wie mögen etwa die Makronen geschmeckt haben, an die bei einer Eiweißmenge von 4 Eiern eine ganze Muskatnuß zu reiben war? – Auf derlei heikle Abenteuer braucht sich der Leser dieses Buches jedoch nicht gefaßt zu machen. Zwar stammen alle hier gesammelten Rezepte ausnahmslos aus Kochbüchern des 16. bis 19. Jahrhunderts, doch wurden nur die ausgewählt – und ausprobiert! –, die von den Zutaten her unseren Eßgewohnheiten entgegenkommen, und, wo es nötig war, Mengenangaben korrigiert, was immer heißt: reduziert; denn nicht selten beginnt ein Rezept etwa mit der Anweisung: »Man nehme das Weiße von 12 Eyern . . .«
Um dennoch einen Eindruck vom Charme und der Poesie, die den alten Kochbüchern eignet, zu geben, sind hie und da Originalanweisungen zitiert und einige besonders ausgefallene und typische Rezepte im Faksimile wiedergegeben. Der Blick in Kochbücher früherer Zeiten kann unsere zum Teil etwas stereotyp gewordenen Eßgewohnheiten entscheidend bereichern. Besonders von der Vielfalt der Geschmackszutaten können wir uns anregen lassen. Wer nach alter Gewohnheit bisher beim Backen nur zwischen Vanille und Zitrone als Aromagebern zu wählen wußte, dem tut sich mit den alten Rezepten eine ganz und gar nach Rosen-, Zimt- und Pomeranzenblütenwasser duftende neue Welt auf. Und nicht zuletzt wird er staunend sehen, wie phantasie- und liebevoll man mit einfachen Mitteln raffinierte »Gaumenletzen« herzustellen verstand.

Goethe und die Oblaten

Diese Überschrift ist keineswegs launig oder gar parodistisch gemeint! Sie knüpft nicht, wie ein gebildeter Leser befürchten könnte, an die Unzahl von »Goethe und . . .«-Titeln an, die die Wissenschaft uns bis heute beschert hat. Lassen wir getrost beiseite, wieviel Berechtigung hinter Titeln wie »Goethe und die Kreuzotter«, »Goethe und die Mittelschule« oder »Goethe und das Yo-Yo« – um nur einige der kuriosesten zu nennen – stecken mag. Wenn wir für unser Thema Goethe als Gewährsmann zitieren, dann geschieht dies mit besonderem Grund: An einer versteckten, kaum bekannten Stelle in den 1790 entstandenen »Venetianischen Epigrammen« erhebt der Dichter die Oblate zum Gegenstand eines bildhaften Vergleichs.

> Jeder Edle Venedigs kann Doge werden; das macht ihn
> Gleich als Knaben so fein, eigen, bedächtig und stolz.
> Darum sind die Oblaten so zart im katholischen Welschland
> Denn aus demselbigen Teig weiht der Priester den Gott.

Welche tatsächlichen Beobachtungen den Hintergrund des verblüffenden Vierzeilers bilden, ist unschwer zu erraten: Vom Fenster seines Quartiers aus – Malerfreund Tischbein hält Goethe in dieser Beobachtungsposition auf einer Zeichnung fest – mag er jungen Adeligen zugesehen haben, deren stolze Haltung und frühreife Noblesse er bewunderte. Bei anderer Gelegenheit wird er feines venezianisches Oblatengebäck gekostet haben – möglicherweise Makronen, die ja, wie man noch lesen wird, aus dieser Stadt stammen. Die Gedanken, die sich an diese Erfahrungen anschließen, verbinden sich zu einem Vergleich, der, wie es die Form des Epigramms verlangt, als scharfsinnige und nicht wenig ironische

Aussage in diese Verse eingeht. So wie jeder adelige Knabe Venedigs sich als etwas Besonderes dünke, da er – nach den Statuten der Lagunenstadt – ja möglicherweise das Zeug zum Dogen hat, ebenso rühre der edle Geschmack der Backoblaten daher, daß eine jede die mögliche Bestimmung zur Hostie in sich trägt. Der – nicht eben fromme – Dichter findet es also geradezu pikant, daß in dem zarten Gebäck dieselbe Oblate steckt wie im kirchlichen Sakrament; und er führt den himmlischen Geschmack gerne darauf zurück, daß ja jeder schlichte Eisenkuchen – unter dieser Bezeichnung kannte sicher auch Goethe die Oblate – ein verhindertes Engelsbrot (im Kirchenlatein: »panis angelorum«) darstellt. Mit dieser Feststellung, daß das kleine Gebäck zwei so gegensätzliche Möglichkeiten birgt, ist für Goethe die Gleichnisfunktion der Oblate, was seine venezianischen Reiseerlebnisse angeht, erschöpft.

Unser Interesse an dem wenig beachteten Gegenstand »Oblate« ist durch dieses nur nebenbei ironische Epigramm aber nun einmal geweckt und will so schnell nicht loslassen. Gerne übernehmen wir Goethes Gedankengang und spüren weitere Gegensätze auf, die die Oblate in sich birgt. Ist sie nicht – als schlichtes, ungesäuertes Gebäck – Nachfahr des ältesten gegarten Nahrungsmittels, des Getreidefladens, den die alten Ägypter schon vor 6000 Jahren auf heißen Steinen buken? Und muß es uns nicht erstaunen, daß sich diese elementare Speise, allen geschichtlichen Wandlungen zum Trotz, durch die Jahrtausende fast unverändert erhalten hat? Und daß sie sich dabei trotz ihrer weitgehend profanen Verwendung das Odium des Besonderen, ja Heiligen bewahrt hat, das sich aus ihrem ersten Gebrauch herleitet? Denn wie man weiß, war das Fladengebäck im alten Ägypten heiliges Brot, das den Pharaonen vorbehalten war – das Volk hatte sich an den primitiven Getreidebrei zu halten.

Diese Eignung für das »Besondere«, Kostbare, trifft man in der späteren Geschichte der Oblate immer wieder an. Ob als geweihte

Hostie, als die sie seit frühchristlicher Zeit im Gebrauch ist, oder als Unterlage für wertvolle Konfekte, später als Hülle stark wirksamer Arzneien – die Kulturgeschichte kennt die Oblate in ganz verschiedenen Funktionen, und doch bleibt sie immer das gleiche simple Gebäck aus Mehl und Wasser. Da uns also die Oblate selbst beweist, wie ungezwungen sich die Materie, nämlich das Backwerk, und der Geist (z. B. der Kulturgeschichte) untereinander verbinden, ja hier sogar wie die zwei Seiten einer Oblate zusammengehören, wollen wir uns gerne vom Thema leiten lassen. Wir wollen an ausgewählten Beispielen die Geschichte verfolgen, die die Oblate mitgeschrieben hat, und dazu aus alten und ältesten Kochbüchern die Rezepte zusammentragen, die gewitzte Hausfrauen und geschickte Konditoren erprobt und überliefert haben.

O wie Oblate

Zur Geschichte des Begriffs und der Verwendung der Oblaten

Für den Dichter also war die Oblate das Vorzeigebeispiel dafür, wie zwei ganz entgegengesetzte Möglichkeiten – in diesem Fall das Erhabene und das Gewöhnliche – sich in einem Ding verbergen können. Wer sich daraufhin mit der Oblate und ihrer Geschichte eingehender befaßt, wer die alte Kochbuchliteratur nach einschlägigen Rezepten durchsieht und sich über den Wortgebrauch wie

den Gebrauch der Sache selbst ein Bild zu machen versucht, stellt fest, daß die Oblate eine ganze Reihe von Namen trägt, daß aber – und das macht die Sache kompliziert – vieles Oblate genannt wird, was dem herkömmlichen Verständnis nach keine ist.

Die Sache selbst, dünnes, zwischen heißen Eisen (daher der Name *Eisenkuchen*) hergestelltes Gebäck aus ungesäuertem Teig, ist weit älter als ihr Name. Erst durch ihre Verwendung zur Feier des Meßopfers kam die Oblate zu ihrem Namen, der im Lateinischen soviel bedeutet wie »Dargebotenes, Geopfertes«, da die Gläubigen im frühen Christentum das Brot zur Feier des Liebesmahls selbst mitbrachten. Aus der Verbindung *hostia oblata* (das heißt »dargebrachte Hostie«) verselbständigte sich der Name Oblate als Bezeichnung für das Gebäck, ohne dabei mehr an die liturgische Funktion zu erinnern. Der ursprünglich religiös zu verstehende Begriff wandelte sich also, bis er schließlich im kirchlichen Sprachgebrauch das Gegenteil seiner anfänglichen Bedeutung erhielt: Nun war mit Oblate ausdrücklich die ungeweihte Hostie gemeint, und aus dem Engelsbrot war − zumindest für die Theologen − Eisenkuchen geworden.

Doch nicht nur die Bedeutung änderte sich auf so auffallende Weise, auch der Name selbst sollte einige Verwandlungen erfahren. Die Oblate war außer in der Kirche ja bald auch in der Küche gebräuchlich und ging sogleich in die Volkssprache ein. Was in althochdeutscher Zeit, noch ganz nah am Lateinischen, *oblâtâ* hieß, wurde im Mittelalter zu *oblât* verkürzt (wobei sowohl die oblât als auch das oblât gängig waren).

Mittlerweile war das Gebäck so volkstümlich geworden, daß sich der − immer schöpferische − Volksmund auch des Wortes bemächtigte. Die daraus entstandene Vielzahl von Varianten läßt häufig die Neigung erkennen, ein fremdes Wort mit einer bekannten und naheliegenden Bedeutung zu verbinden (im Fachjargon: Volksetymologie). Das Fremdwort wurde regional abgewandelt zu *oflaten* und *ofladen,* auch *offladen,* weil man ganz offensichtlich dabei an Fladen dachte. Die Betonung war − und ist es heute noch − nicht festgelegt. Die einen sagten, wie im Lateinischen, oblát(e) und verstanden den Begriff dabei als Fremdwort, andere hingegen betonten germanisch auf der ersten Silbe óblat(e). Schon in alt-

hochdeutscher Zeit war gelegentlich ein Stützvokal zwischen die Verbindung »fl« geraten, was *ovelâtun* und später dann *ofelaten* ergab und im Elsässischen dann schließlich zu *Ofelotten* wird. Sicher konnte sich die Bezeichnung so durchsetzen, weil sie an das deutsche Wort »Ofen« anklang.

Neben diesen vom Dialekt geprägten Wortvarianten gab es auch immer das schriftsprachliche *Oblat* und *Oblate*, bei Betonung auf der zweiten Silbe auch *Oblatt* (so z. B. im Kochbuch der Anna Weckerin von 1598) und *Oblatten* (seltener auch *Oblaths*, wie in einem handgeschriebenen Kochbuch von 1796). Da in Kochbüchern sehr oft von den *Oblatblättern* die Rede ist, kann man annehmen, daß die Bedeutung »Blatt« in diesem Fall auch auf die papierdünnen Oblatten abgefärbt hat.

Bei der Betonung auf der zweiten Silbe wurde der Anlaut auch sehr oft abgeschwächt, woraus sich eine Schreibunsicherheit ergab; nebeneinander gab es zeitweilig beide Formen: Oblaten (wie unter anderem im »Spiegel unn Regiment der Gesundheit« von G. Ryff von 1544 oder im Nürnbergischen Kochbuch von 1702) und Ablaten (so im »Kunstbuch von mancherley Essen . . .« des Frantz de Rontzier, erschienen 1598).

Bei allen diesen vom Dialekt bestimmten Formen war man sich offenbar unterschwellig immer einer sprachlichen Inkorrektheit bewußt, da ja die Form »Oblate« auch stets lebendig war. Wir beobachten also einen Hang zur Korrektur im schriftlichen Gebrauch. Berücksichtigt man, daß um 1700 über 70% der Deutschen mehr oder minder Analphabeten waren, versteht man manche sprachliche Unsicherheit noch besser. Gelegentlich schießt der bemühte Schreiber mit der Korrektur auch übers Ziel hinaus: So z. B., als er die vermeintliche bairische Dialektform »Oblaten« in Analogie zu »ozapft is'« = »es ist angezapft« ändert in »Anblaten«.

Viele mieden das Fremdwort auch ganz und hielten sich an bewährte deutsche Bezeichnungen wie *Eisenkuchen*, auch *Eiserku-*

17

chen gesprochen (im Elsässischen dann *Iserkuchen*), das auf die Herstellung im Oblateneisen Bezug nimmt. Auch das vergleichsweise neutrale Wort *Gebachens* (süddeutsch *Gepachens*) wird als Synonym für die Oblate gebraucht – vielleicht deshalb, weil sie in ältester Zeit vor allem zum Ausbacken in Schmalz verwendet wurde? Schließlich werden auch noch die Begriffe *Hippen* oder *Hüppen* gelegentlich für die Oblaten genannt.

Konnte sich der Leser soeben ein Bild davon machen, wie viele Namensformen dem Inhalt gegenüberstehen, den sie bezeichnen, so ist im folgenden zu zeigen, daß dieser selbst keineswegs einheitlich zu verstehen ist. Natürlich war die Oblate als Hostie ganz eindeutig definiert, selbst in ihrer Zusammensetzung aus Mehl und Wasser genau festgelegt. Aber mit dem Beginn des weltlichen Gebrauchs fällt für diesen die strenge Vorschrift weg, die Teigherstellung wandelt sich und mit ihr Geschmack und Aussehen. Oblaten werden – und das ist schon für das 13. Jahrhundert belegt – auch zum Gebäck, das ohne Füllung oder Auflage verzehrt wurde.

Es entsteht so ein völlig anderes »Gebachens«, das mit der Oblate eigentlich nur die Herstellung als »Eisenkuchen« gemeinsam hat, aber weiterhin wie sie genannt wird (wir wollen sie hinfort zur besseren Kennzeichnung *Waffeloblaten* nennen). Wir finden in den Kochbüchern eine Fülle von Rezepten für ihre Herstellung, sie müssen also sehr beliebt und verbreitet gewesen sein. Diese neuen Eisenkuchen wurden aber nicht nur als trockenes Gebäck gegessen, sondern, wie Oblaten bisher auch, weiterverarbeitet und z. B. gefüllt (für diesen Verwendungszweck wurden sie meist nach dem Backen zu einer Rolle geformt, der Hohlhippe).

Wenn in alten Rezepten von Füllungen die Rede ist, liest man immer nur, daß sie zuletzt auf Oblaten zu streichen seien, nie jedoch ist angegeben, welche der beiden Arten gemeint ist, denn nach wie vor ist ja die einfache Backoblate in vielfältigem

Gebrauch (das Buch will einen Eindruck davon geben). Dabei ist kein Rezept bekannt, in dem wahlweise die Waffel- oder die Backoblate zu verwenden wäre, bei einigen Rezepten hätte eine Verwechslung sicher geradezu fatale Folgen (z. B. bei allen Arten von Schmalzgebackenem). Man muß also stets den Zusammenhang und die vorgesehene Verwendungsart prüfen, um zu entscheiden, wie »Oblate« in dem jeweiligen Rezept zu verstehen ist. Uns hilft gelegentlich auch das Alter oder die Herkunft des Kochbuchs weiter, wenn man berücksichtigt, daß die Backoblate in rein protestantischen Gebieten, z. B. in Norddeutschland, wenig gebräuchlich war (hier fehlte wohl das Vorbild der Klosterfrauen). Die Oblate, die unter so vielen Namensformen auftritt, bezeichnet also schon in der Frühzeit – zusätzlich zu ihrer Verwendung als Hostie – zwei ganz verschiedene Gebäckarten.

Ebenfalls seit dem Mittelalter tritt der Name »Oblaten« in einem ganz anderen Zusammenhang auf: In der Blütezeit der Ordensgründungen, als die Klöster fast wie Pilze aus dem Boden schossen, entstand der Brauch, Kinder feierlich einem Kloster zu übergeben, also gleichsam zu »opfern«. Die *Oblation* war im allgemeinen zwar nicht mit einer Verpflichtung zum Mönchs- oder Nonnenleben verbunden, doch war dies in der Realität wohl die gewöhnliche Folge. Wenn auch die Sitte der Kinderoblation längst ausgestorben ist, kennt man heute noch eine ganze Reihe von Oblatenorden (z. B. den des hl. Franz von Sales), deren Angehörige sich nicht anders als »Oblaten« nennen und so dem Wort die vierte Bedeutung geben.

Während im 18. Jahrhundert die Begriffsvielfalt schwindet und sich die Form »Oblate« überregional durchsetzt, stiftet eine weitere Oblatenart Verwirrung: Da sie nun auch für Siegelzwecke gebraucht werden (siehe auch Seite 120), werden seit kurzem eigene – natürlich ungenießbare – *Siegeloblaten* hergestellt, die

jedoch sowohl als Handelsbezeichnung als auch im allgemeinen Sprachgebrauch keinen anderen Namen als »Oblate« tragen. Das Rezept zur Herstellung von Siegeloblaten, das wir in einer Zeitschrift des 18. Jahrhunderts finden (wir zitieren es auf Seite 125), und das in einigen anderen (auch Koch-)Büchern der Zeit ebenfalls abgedruckt ist, ist lakonisch überschrieben: »Oblaten zu machen«, ohne daß dabei auf den speziellen Verwendungszweck hingewiesen würde. Natürlich erkennt der kluge Leser, daß die Zutaten ungenießbar sind – aber wird es denn nur kluge gegeben haben? Wenn der allgemeine Sprachgebrauch also auch hierfür kein anderes Wort (oder eine Wortverbindung) parat hat als wieder nur »Oblate«, so ist dieser damit bereits eine fünfte Bedeutung untergeschoben.

Doch damit nicht genug: Seit der zweiten Hälfte des 19. Jahrhunderts – und in vielen Gegenden bis heute – bezeichnet man noch eine sechste Sache als Oblate, die mit der ehemaligen Hostie rein gar nichts mehr zu tun hat: Gemeint sind die farbenprächtigen *Glanzbildchen,* die Poesiealben schmücken oder auch für sich gesammelt werden (mehr darüber auf Seite 90). In manchen Gegenden (z. B. Preußen, Sachsen) denkt man heute überhaupt nur an sie, wenn von »Oblaten« gesprochen wird.

Wenn nun also unsere Sprache für alle diese – für die Hostie ebenso wie für die Back- und auch Waffeloblate, für die Ordensleute nicht anders als für das Klebesiegel und die Albumbildchen – nur das eine Wort »Oblate« kennt, muß man ihr da nicht eine geradezu fahrlässige Ungenauigkeit, eine sträfliche Nachlässigkeit bei der Zuordnung von Namen und Dingen vorwerfen? Am mangelnden Interesse der Sprecher kann es wohl nicht liegen, das zeigen die Wortabwandlungen, mit denen die Umgangssprache die »Oblate« ausstaffiert hat. Und daß eine mangelnde Genauigkeit und Sorgfalt in der Bezeichnung am System der Sprache liege, wird kaum

nachzuweisen sein, da unsere Sprache aller Regel nach sonst eher mit Übergenauigkeit und Überinformation operiert. Man muß sich also fragen, warum nur hier keine Differenzierung einsetzte; warum, wenn doch schon so verschiedene Namensvariationen und Synonyme möglich waren, man sich nicht einfach darauf einigte, jedem einzelnen Begriffsinhalt seinen eigenen Namen zuzuordnen, um damit jeden Irrtum auszuschließen.

Wir wollen auf diese Frage eine Antwort wagen, die sich aus der Kenntnis der Materie ergibt. Das Bedürfnis nach einer Unterscheidung der verschiedenen Bedeutungen ist nie entstanden, da mit dem Begriff »Oblate« im Bewußtsein der Sprecher unterschwellig immer die Vorstellung vorhanden war, daß die Oblate ihrem Wesen nach eben alles ist und die verschiedenen Inhalte, so gegensätzlich sie auch seien, in ihr vereinbar sind. So daß man eigentlich eine siebte, abstrakte Bedeutung hinzufügen könnte: die Vielseitige.

Dieser vieldeutige und vielfältige Wortzusammenhang soll nicht vergessen werden, wenn wir für dieses Buch auch nur den einen Bereich ausgrenzen wollen, der die Backoblate, ihre Anwendung und ihr historisches Umfeld betrifft; das heißt, wir wenden uns dem kleinen Gebäck zu, das heute noch, wie die Hostie auch, aus einem einfachen Mehl-Wasser-Teig gebacken wird und – wie könnte es anders sein – vielfältige Verwendungsmöglichkeiten bietet.

Dedi vobis manna in escam, panem Angelorum manducâstis. 4.Esdr.1.

Venite comedite panem meũ. Prov. 4.

Ego sum panis vitæ. Ioan. 6.

Non Moyses dedit vobis panem de coelo

Hic est panis qui de coelo descendit, qui manducat hunc panem, vivet in æternum. Io. 6.

C.P.S.C.M.

Klauber Cath. Sc. et exc. Aug.V.

Engelsbrot

Über Hostienglauben
und -aberglauben

Als »Engelsbrot« (panis angelorum) oder »Brot vom Himmel« (panis de coelo) ist die Hostienoblate sowohl in der sakralen Kunst wie auch in der Kirchenlehre geläufig. Denn um die sehr abstrakte und rational nicht faßbare Gleichsetzung der geweihten Oblate mit dem Leib Christi (der vom Himmel auf die Erde kam) anschaulich zu machen, wurde das Sakrament bildlich mit dem alttestamentarischen Manna-Wunder in Zusammenhang gebracht. Der abgebildete Kupferstich von Klauber (Augsburg, ca. 1730) macht deutlich, wie die den Israeliten vom Himmel gesandte Speise in der religiösen Vorstellung jener Zeit mit der »Seelenspeise«, dem Sakrament der Kommunion, gleichgesetzt wird.

Doch wie auch immer man sich das Manna vorzustellen hat – die Bibel spricht von Körnern –, die Hostienoblate wurde zur Feier des Meßopfers erst in späterer Zeit eingeführt. Die ersten Christen feierten das Liebesmahl meist mit dünnen, tellergroßen Fladenbroten (seit dem 8. Jahrhundert ungesäuert), in die vor dem Backen Linien eingekerbt wurden, damit sie leichter zu brechen und zu verteilen waren.

Seit dem Ende des 10. Jahrhunderts stellte man diese Opferbrote (der Name Hostie ist seit dem 8. Jahrhundert gebräuchlich), statt wie bisher auf heißen Steinen, in einem Eisen her, das in der Form bereits dem späteren Oblateneisen glich. Da schon die Opferbrote kreuzweise gekerbt waren, versah man auch die Oblateneisen mit Kreuz- und anderen Symbolen (die gängigsten waren und sind das Opferlamm und der Gekreuzigte, Guter Hirt oder Fisch).

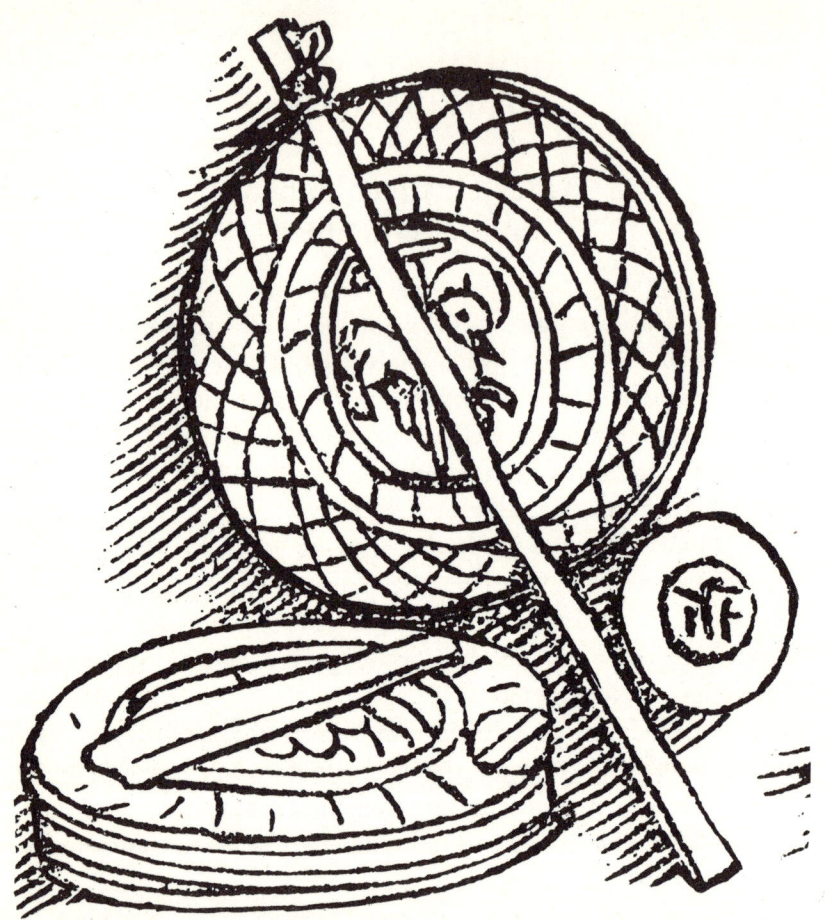

Vngehöfelt brot.

Im 11. Jahrhundert wurde die Hostie auf die heute gebräuchliche
Form gebracht (in Münzgröße = »in modum denarii vel nummi«),
was von manchem zeitgenössischen Kirchenlehrer entschieden
getadelt wurde, da man der Auffassung war, daß die Größe der

Oblate die Wirkung des Sakraments beeinflusse. Dabei wurde ein Unterschied zwischen den Hostien für Laien und denen für Priester gemacht: Den Priestern waren hinfort die größeren, auch etwas dunkler gebackenen Brothostien vorbehalten.

Seit dem 19. Jahrhundert ist festgelegt, daß Hersteller von Hostien-oblaten sich eidlich verpflichten müssen, die strengen Vorschriften der Kirche einzuhalten. Vor allem ist Ehrfurcht vor dem zukünftigen Sakrament geboten; auf äußerste Sorgfalt und Reinlichkeit muß geachtet werden. Nur reinstes Weizenmehl und frisches Wasser dürfen verwendet werden, Zusätze sind verboten (wenn z. B. die Eisen mit reinem Wachs eingerieben werden, um den Oblaten ein schöneres Aussehen zu geben, so müssen nach der Vorschrift die ersten drei Oblaten vernichtet werden). Wie schon früher, sind es auch heute meist Klosterfrauen, die sich dieser peniblen Aufgabe widmen. In einem niederbayerischen Benediktinerinnenkloster, in dem der Hostienbedarf der umliegenden Pfarreien hergestellt wird, versicherte man mir auf Anfrage, daß die Reinheitsvorschriften genau beachtet würden – die dafür zuständige Schwester wasche sogar das Holz, mit dem der Ofen für die Oblatenherstellung beheizt werde.

Diese Sorgfalt, ja Ehrfurcht bei der Herstellung versteht sich aus der herausragenden Bedeutung, die die Hostienoblate im kirchlichen Ritus spielt. Die katholische Kirche lehrt, daß in der geweihten Hostie Christus selbst anwesend sei. Heute wird die Hostie vor allem zur Spendung der Kommunion und des Sterbesakraments sowie zur Anbetung in der Monstranz eingesetzt. Der Gebrauch in Prozessionen, zum Wettersegen usw. ist heute nicht sehr bedeutend und muß als Relikt aus früheren Zeiten gesehen werden, als die Hostie in Flurprozessionen und bei Katastrophen aller Art, wie Überschwemmungen, Pest oder Kriegsgefahr, umgetragen wurde. Dieser Gebrauch war schon in alter Zeit umstritten, da er oft vom Mißbrauch kaum zu trennen war. So berichtet z. B. die Geschichte, daß im 16. Jahrhundert ein Priester, dessen Wettersegen das

Gewitter nicht hatte verhindern können, gedroht habe, er werde die Hostie in den Schmutz werfen, wenn sie nicht sofort ihre Kraft beweise. Besserte sich die Lage nach Aussetzung des Sakraments oder konnte die Katastrophe abgewendet werden, wurde dies gern als Hostienwunder gedeutet.

Solche und ähnliche Geschichten sind ohne Zahl: Als im Jahre 1050 die Abtei von Tours brannte, erlosch das Feuer in dem Moment, als man ihm die geweihte Hostie entgegenhielt. Von solchem Wunderglauben getragen, wandelte sich der Hostienglaube – zum Teil mit Duldung der Amtskirche – zum Aberglauben. Um Feuersbrünste einzudämmen, warf man Hostien in die Flammen, versuchte auf ebendiese Weise, die stürmische See zu beruhigen, und setzte das ursprüngliche Engelsbrot immer ausdrücklicher für irdische Belange ein. Dabei wurde die Hostie zum Zaubermittel umstilisiert. Von ihrer magischen Kraft handeln eine ganze Reihe von Sagen und Geschichten. Da bewirkt die Hostie bei bestimmter Anwendung Unverwundbarkeit, bewährt sich beim Gießen von Freikugeln und dient als Mittel gegen allerhand Gebrechen. Sogar in der Landwirtschaft war die Anwendung der Hostie gang und gäbe – sei es, daß man dem Vieh bei Krankheiten Oblatenkrumen eingab oder daß die Fruchtbarkeit und der Ertrag gesteigert werden sollten, indem man dem Futter Hostien beimengte. Auch für alle Arten von Liebeszauber waren Hostien unerläßlich. Wer nach der Kommunion die Hostie im Mund behielt und damit den Geliebten küßte, glaubte, seiner Liebe sicher zu sein.

Im Gegensatz zu solchem eher harmlosen Aberglauben spielen Hostien auch in zwei sehr düsteren Kapiteln der Geschichte eine Rolle: in der Hexen- und Judenverfolgung. In beiden Fällen konnten mißliebige Personen denunziert und gerichtet werden, wenn man ihnen frevlerischen Umgang mit Hostien nachsagte. Nicht selten gestanden die unglückseligen Beklagten unter der Folter die ihnen zur Last gelegten Vergehen – und dies alles, während man

ihnen eine Hostie vorhielt. Angeblicher Hostienfrevel war ein häufiger Vorwand für frühe antisemitische Exzesse. Der geschichtsbekannte »Deggendorfer Hostienfrevel« vom Jahre 1337 zum Beispiel wurde inszeniert, um einen der grausamsten Judenmorde der damaligen Zeit zu verschleiern.

Daß solche teuflischen Methoden ausgerechnet mit der anfangs als »Engelsbrot« bezeichneten Hostie ausgeführt wurden, kann jedoch kaum der Oblate angelastet werden. Sie überdauerte alle diese menschlichen Irrungen und dient nach wie vor beiden christlichen Kirchen als heiliges Sakrament.

Der wohl-unterwiesenen
Köchinn
Zufälliger
CONFECT-
Tisch/
Bestehend
In Zubereitung allerhand CON-
FECTen/ zugerichten Früchten/ Säff-
ten/Weinen/ Aqvaviten/ Brandteweinen/
Bieren/ Eßigen und der-
gleichen. rc.
Ans Tages-Licht gestellet
von
Maria Sophia Schellhammern/
gebohrne Conringen.

Braunschweig/
In Verlegung Caspar Grubers sehl. nachgel. Wittwen
und Erben.
Druckts Heinrich Keßler. 1699.

Von Confecten bis zum Konfekt

Wer denkt heute, wenn er in die Konfektschachtel greift und zwischen Marzipan, Krokant, Fruchtgelee oder Karamel wählt, daran, daß alle diese ihren Ursprung in der Apotheke haben? Daß ausgerechnet dieses »süße Laster«, in dem gestrenge Ernährungsapostel einen Anschlag, wenn nicht auf Leib und Leben, so doch auf Zahnschmelz und Taille sehen, ursprünglich im Dienst der Gesundheit gestanden haben soll? Und doch sind die kleinen Verführer, die wir heute noch »Konfekt« nennen, aus den »Confecten« (lat. confectiones) hervorgegangen, wie man die Arzneimittel nannte, die schon in den mittelalterlichen Klosterapotheken zubereitet wurden.

Nur die Apotheker besaßen zunächst das Privileg der Verarbeitung und des Verkaufs von Rohrzucker, der Grundlage der Confect-Bereitung war. Seit der Einführung des Rohrzuckers durch die Kreuzfahrer hatte der Honig, der ja zuvor einziger Süßstoff gewesen war, immer mehr an Bedeutung verloren, bis man ihm im 16. Jahrhundert sogar gesundheitsschädliche Wirkung nachsagte: »er bläht den Magen auff / mehret die Cholerische feuchte oder gallen / macht den magen unlustig.« Noch war der Zucker aus Arabien ähnlich kostbar wie die anderen aus dem Orient importierten Ingredienzien mittelalterlicher Arzneien, z. B. gepulverte Edelsteine, Moschus und andere seltene tierische Stoffe sowie eine Vielzahl von Gewürzen und Aromata.

Die exotische Herkunft der Zutaten mag zur Beliebtheit der Medikamente entscheidend beigetragen haben, und schon damals wird so mancher der Überzeugung gewesen sein, daß das, was teuer ist, auch gut sein müsse. Gut im Sinne von wohlschmeckend war es

zuerst jedoch wohl kaum, was die Apotheker streng nach der Galenischen Vier-Säfte-Lehre zusammenrührten oder -brauten. Je nach Beschaffenheit und Anwendungsart unterschied man folgende acht Hauptgruppen:

Da waren die Latwergen, die wie Brei zu essen waren, dann die festen Morsellen zum Lutschen, rhombenförmige Zeltchen zum Kauen, Pillen zum Schlucken, schließlich Sirupe, die zu trinken waren, und, zur rein äußerlichen Anwendung, Pflaster, Salben und Öle. Während die letzten drei ebenso wie Sirupe (als z. B. Hustensäfte) und Pillen (als Tabletten und Dragees) noch heute in der Pharmazie gebräuchlich sind, sollten die Latwergen, Morsellen und Zeltchen eine Verwandlung erfahren.

Alle genannten Heilmittel waren ja von den Zutaten und der Herstellung her so aufwendig, daß sie nur besonders Wohlhabenden zugänglich waren. Daher erhielten, sobald im 16. Jahrhundert der Rohrzucker durch die Erschließung neuer Anbaugebiete populärer geworden war, die Apotheken höchst unerwünschte Konkurrenz durch Laien, die sich anschickten, besagte Confecte in ihrer eigenen Küche herzustellen. Anleitung fanden sie in den seit dem Spätmittelalter immer zahlreicher werdenden »Hausapotheken«, Arzneibüchern und den einschlägigen Kapiteln der Hausväterliteratur. Ein wichtiger Vertreter ist Gualtherus (das ist Walter) Ryff, der unter anderem mit seinem »Confect-Buch und Hauß Apoteck« benannten, über 200 Seiten starken Werk als einer der wenigen Schulmediziner (auf dem Titelblatt stellt er sich als »medicus« vor) dieser Laienmedizin Vorschub leistete.

Die solcherart in »Heimarbeit« entstandenen Confecte wichen meist erheblich von den in Apotheken hergestellten ab: Teils war die Einrichtung einer Küche einfach nicht ausreichend zur Durchführung so komplizierter Vorgänge, häufiger jedoch waren die Vorschriften der Arzneibücher (wir kennen das Problem von der zeitgenössischen Kochbuchliteratur!) so allgemein oder wenig ver-

ständlich gehalten, daß nichts anderes übrig blieb, als nach Gut-
dünken zu verfahren, d. h. sich vom Gaumen leiten zu lassen. Die
im Hause hergestellten Arzneien waren also wahrscheinlich besonders wohlschmeckend, und das mag zu einem Teil den regelmäßigen Gebrauch erklären, der bald einriß. Vielleicht wollte sich auch
mancher »Hausvater« lieber an die Kunst seines Eheweibs halten
als an die Geldschneiderei der Apotheker.

Der Genuß von Latwergen, Morsellen und Zeltchen war nun
keineswegs mehr auf den Krankheitsfall beschränkt, sondern war
zur lieben Gewohnheit geworden. Da wir schon in unseren Tagen
eine Neigung zur selbstverordneten Einnahme von Medikamenten
feststellen, um wieviel verständlicher muß uns dies vorkommen in
jener Zeit, da Gesundheit und erst recht Heilerfolg vor allem vom
Glück abhingen und von einer guten Konstitution, die nötig war,
um die ärztliche Therapie zu überstehen. Daß dieses Mißtrauen der
Schulmedizin gegenüber wohlbegründet war, geht auch aus einer
Szene des »Faust« hervor, in der Goethe dem Dr. Faustus das
Geständnis in den Mund legt:

> So haben wir Ärzte, mit höllischen Latwergen,
> in diesen Tälern, diesen Bergen,
> weit schlimmer als die Pest getobt.

Aus dem regelmäßigen Gebrauch der selbstgemachten Confecte,
die durch den hohen Zuckergehalt und vielerlei aromatische
Zusätze meist äußerst wohlschmeckend waren, erklärt sich der
allmähliche Bedeutungswandel von »Confect« als Arznei zur
»Schleckerei«. So wurden mit der Zeit die Latwergen zu Marmela-
den (daher auch der Name: »marmelo« war die portugiesische
Bezeichnung der weitverbreiteten Quitten-Latwerge), Zeltchen
unter anderem zu Fruchtpasten und Morsellen zu schlichten Bon-
bons »degradiert«. Dieser Auszug des Konfekts aus der Apotheke
scheint schon früh eingesetzt zu haben. In dem erwähnten »Con-

fect-Buch« von 1571 schilt G. Ryff, daß die von ihm beschriebenen Zubereitungen schon »mehr zum lust in kostlichen Panckten und Gastmalen / dann von den Krancken gebraucht werden«. Runde hundert Jahre später scheint dieser Prozeß bereits abgeschlossen.

In »Der wohl-unterwiesenen Köchinn zufälliger Confect-Tisch« der Maria Sophia Schellhammer (der Autorin des Brandenburgischen Kochbuchs) von 1699 ziert zwar die Kupferstichdarstellung einer Apotheke das Frontispiz (siehe Seite 112), aber im Buch selbst wird die pharmazeutische Bedeutung des Konfekts mit keinem Wort erwähnt. Die Autorin spricht in der Vorrede nur von ihrer »Sammlung allerley Schleckereyen«, die sie in diesem Buch vorzustellen gedenke. Dann aber, als ob ihr dieses Vorhaben denn doch zu frivol erschiene, rettet sie sich in eine biblische Rechtfertigung der Nascherei: ». . . indem wir nicht allein zu leben, sondern auch wohl und nach Beschaffenheit der Umstände fröhlich und vergnüglich zu leben haben, wozu wir auch in der Hl. Schrift angewiesen . . .« und breitet damit das Schutzmäntelchen der Theologie über das eben erst aus der Medizin entlassene Konfekt.

Eine Erinnerung an die Herkunft aus der Apotheke ist dem Konfekt jedoch geblieben: Da zu jener Zeit die Apotheken – vor allem soweit sie in der Hand des Klerus waren – auch mit Oblaten handelten, lag es nahe, die wertvollen Substanzen auf oder zwischen Oblaten zu streichen. Diese Verbindung hat sich im weiteren Verlauf als so sinnvoll erwiesen, daß sie, wie man sehen wird, heute noch praktiziert wird.

Marzipan, Zeltchen und Fruchtschnitten

Märchenhaft wie der Geschmack des Marzipans ist auch sein köstlicher Duft nach Rosen, Orangenblüten, Bittermandel – und früher sogar Bisam –, der das Land von 1001er Nacht heraufbeschwört. Und so müßte man auch Scheherezade sein, um all die bezaubernden Geschichten, die sich um das Marzipan, seine Entstehung und seinen Namen gerankt haben, zu erzählen. Ob es nun genäschige Mönche von San Marco waren, die den Schutzpatron ihres Klosters auch zu dem der süßen Mandelspeise machten (»Marci-panem«), oder ob es bei der Namensgebung eher heidnisch zuging und entweder der Kriegsgott Mars oder germanische Frühlingsrituale (»März-Brot«) ausschlaggebend waren – diese und eine ganze Reihe anderer Entstehungs- und Namenserklärungen zeigen, wie beliebt die Süßigkeit zu allen Zeiten war.

Als sicher gilt, daß Marzipan aus Arabien stammt und mit dem Zucker – neben Mandeln sein Hauptbestandteil – im Abendland eingeführt wurde. Da im Mittelalter Venedig der Umschlaghafen für Waren aus dem Orient war, können die Brüder von San Marco ja leicht auf diesem Weg in den Genuß der nahrhaften »Fastenspeise« gekommen sein. Ob die süße Ware nun in bestimmten Mengen geliefert wurde, die dem arabischen Hohlmaß »mauthaban« entsprachen, und dann diese Verpackungsbezeichnung verballhornt »Marzipan« ergab, erscheint dabei nebensächlich. Mochte das Marzipan auch schon im 16. Jahrhundert überall verbreitet gewesen sein – die vielfältigen Anweisungen in Kochbüchern jener Zeit beweisen es –, die Bedeutung und Herkunft seines Namens lag schon damals im Dunkel.

Gualtherus Ryff teilt 1554 den Lesern seines »Spiegel unn Regiment der gesundheyt« mit, daß es »inn Welsch landen von den Welsch ärtzten erfunden« worden sei. Denn um diese Zeit war das Marzipan vor allen Dingen als Heilmittel bekannt. Das »Krafftbrodt«, wie es damals eingedeutscht wurde, wurde in den Apotheken als Stärkungsmittel verkauft

Des ersten Theils andrer Absatz.

Bestehend

In Marzipan und Makronen und sonst andern Confecturen so von Mandeln gemacht werden.

Das erste Kapittel.
Einen guten Marzipan zu machen.

WEnn du einen ansehnlichen Marzipan auf zwölf Personen machen wilt/ must du nehmen 3. oder 4. Pfund gute Mandeln/ nachdem du ihn dicke haben wilst; Es müssen aber keine halbe und gefrässige drunter seyn/ sonst wird der Teig leicht saur und fliessig. Diese Mandeln weiche in frisch Wasser/ und laß sie eine Nacht stehen/ so kanst du sie des andern Morgens fein abziehen/ die meisten geben heis Wasser drauf/ daß sich die Schalen lösen/ aber sie werden gelb davon/ darum nehme ich lieber kalt Wasser. Wenn nun die Mandeln abgezogen/ und wohl gewaschen sind/ so stoß sie ganz klein/ im stossen aber feuchte sie mit Rosen=wasser an/ aber nur so viel daß sie nicht öhlig werden/ denn die viele Nässe ist schädlich: Alsdann nim so viel guten Zucker als du Mandeln hast/ du kanst auch/ wohl nur drey Theile nehmen/ ja etzliche nehmen/ gar nur die Helffte. Der Zucker muß aber wohl gestossen und durch ein Zucker=sieb gesiebet seyn. Denn rühre die Mandeln und den Zucker zusammen/ setze es in einer messingenen Conditer=schüssel/ oder in Mangel derselben in einem messingenen Kessel über ein Kohlfeur/ und laß es abdrucknen/ so lange/ daß wenn du mit der Hand drauf schlägest/ es nicht mehr anklebet: Man muß aber im drucknen wohl und viel rühren/ daß es nicht anbrenne. Alsdenn lege ihn auf ein Bret/ und formire wie dick und was für stück du draus haben wilt/ und laß ihn an einem nicht zu kalten und nicht zu warmen Orte stehen/ daß er drucken wird. Zum unterstreuen und die Finger ein wenig damit zu reiben/ könt ihr etwas Sterckmehl nehmen; aber ja nichts in den Teig/ denn dieses thun die so ihn auf den Kauf machen/ und die Leute betriegen; und ist nun nichts mehr übrig/ als der zierath; welcher bestehet in guten Bisen/ oder wie man sagt spiegeln/ vergülden und dergleichen/ wovon wir zu ende dieses Absatzes handeln wollen.

*(sicher damals schon auf Oblaten gestrichen), und der erwähnte Ryff
empfiehlt es im 1564 gedruckten »Kochbüchlein für die Kranken« insbesondere gegen »melancholische Wahnwitzigkeit«. Er rät auch, die Mandelmasse mit zerstoßenem Hühnerfleisch anzureichern, um die Nahrhaftigkeit zu steigern.*

*Den späteren Kochbuchautoren war das Marzipan für sich offensichtlich
nahrhaft genug, denn die Idee mit dem Hühnerfleisch hat keiner mehr
aufgegriffen. Das Grundrezept liest sich vielmehr, von einigen Nuancen
abgesehen, fast immer gleich. Schauen wir im 1598 erschienenen »Kunstbuch von mancherley Essen . . .« des Frantz de Rontzier nach:*

Martzebahn.

MAn schelt Mandeln/ wescht sie in
Wasser auß/ left sie trucken werden vnd reibet oder stoft sie klein/ arbeitet sie durch mit
ein wenig Rosenwasser vnd Zucker das gestossen ist/
breitet ihn auß vnd legt ihn auff Ablaten vnd left sie
ein wenig im Ofen trucken werden/ vermischt Rosenwasser mit Zucker vnd weissem vom Ey/ bestreicht
sie damit vnnd setzet sie wider in den Ofen so lauffen
sie auff/ etc.

2. Man kan die Mandeln wen sie auff vörige weiß
abgemacht sein/ in grosse oder klene formen drucken.

3. Man kan sie mit gezuckerten Negelein abmachen
wenn sie gahr sein/ etc.

4. Man kan sie abmachen mit Rosin oder Aniß/
gelb oder braun/ etc.

*Damit ist eigentlich schon alles gesagt, was man für die Marzipanherstellung wissen muß; in der Sprache von heute ist das Grundrezept so zu
umschreiben:*

Grundrezept

Geschälte Mandeln, die nach dem Abziehen bei Zimmertemperatur getrocknet werden, werden sehr fein – am besten zweimal – gemahlen und mit Puderzucker und z. B. Rosen- oder Orangenblütenwasser (oft auch Eiweiß) von Hand gründlich zu einem glatten, glänzenden Teig verknetet, der mit verschiedenen Aromazutaten noch weiter verfeinert werden kann. Dabei bestimmt vor allem das Mengenverhältnis von Mandeln und Zucker die Güte des Produkts. Das Standardrezept schreibt einen Anteil von je 50% vor, was eine brauchbare Qualität ergibt. Erhöht man den Mandelanteil (z. B. bis auf 65%), gewinnt nicht nur der Geschmack, sondern die Masse wird auch geschmeidiger und läßt sich besser weiterverarbeiten.

Während wir heute Pralinen vor allem aus solcher »roher« Masse schätzen, stellte man in früheren Jahrhunderten mit Vorliebe alle Arten von Marzipan-»Torten« her, die auf Oblaten im Ofen oder der Tortenpfanne (siehe Seite 81) leicht gebacken (wie heute »Königsberger Marzipan«) und dann mit verschieden gefärbten Zuckergüssen und anderem Beiwerk phantasievoll verziert wurden.

Daß das Marzipan so leicht formbar war, kam der vor allem in der Barockzeit ausgeprägten Neigung zu »Schauessen« entgegen. Äußerst kunstvoll formte man daraus nicht nur viele Arten eßbaren Tafelschmucks (z. B. Kandelaber, Vasen, vielerlei Aufbauten – siehe die »pièce montée« Seite 37), sondern verwendete es auch zur Herstellung der sogenannten »Vexiersachen«, die häufig zwischen den Gängen zur Überraschung der Gäste serviert wurden; da gab es Schinken, Würste oder Braten, die täuschend ähnlich aus Marzipan gebildet waren und die Gäste oft genug an der Nase herumführten (heute noch kennen wir die hübschen Marzipanfrüchte, die aus dieser Tradition hervorgegangen sind). Eine Vorstellung von den oft hinterlistigen und nicht selten derben Späßen gibt das nebenstehende Rezept von Marzipan mit Salz, das im »Confect-Tisch« der Maria Sophia Schellhammer zusammen mit anderen Marzipan-Rezepten aufgeführt ist.

Solche Vexierspiele, die von ernsteren Naturen schon damals streng gerügt wurden (so weigert sich Anna Wecker in ihrem 100 Jahre früher erschienenen Kochbuch, Schaustücke aus Marzipan zu beschreiben, weil

Einen Marzipan von Salz.

Nim Saltz so weis du es haben kanst / dürre und stoße es gantz klein: alsdann nim in Rosen-waßer geweichten Dragant/ der doch aber nicht allzu dünne ist / zwing ihn durch ein tuch / und streich ihn mit einem Meßer auf einen höltzernen teller so lang hin und wieder / biß er wird wie schnee. Dann mache das saltz damit an / daß es ein hübscher Teig wird: und wilt du ihn wohlriechend haben / so nim ein wenig Bisem drunter / formire ihn wie andere Marzipane / laß ihn auf einen Ofen drucken werden / und mache einen spiegel drauf / wie auf die rechten. Wenn er recht gemacht wird / sol ihn keiner kennen biß man ihn in den Mund nimt / da es dann ziemlichen verdruß verursachet / und denen andern was zu lachen gibt.

es »unnütz verlohrne Kost« sei), kann man heute kaum zur Nachahmung empfehlen. Um so nachahmenswerter sind aber die folgenden Rezepte, die auch jedem modernen »Confect-Tisch« Ehre machen und die alle laut Originalrezepten mit Oblaten herzustellen sind.

Marzipan-Rauten

¼ Pfund geschälte Mandeln, ¼ Pfund Puderzucker, etwas
Rosenwasser, zum Abarbeiten weiterer Puderzucker;
rechteckige Backoblaten; zum Bestreuen: gemahlener Zimt,
gemahlene Muskatblüte, feingeschnittene Orangen- und
Zitronenschalen; zum Glasieren: 250 g Puderzucker,
1 Eiweiß.

Im »Nürnberger Kochbuch« von 1702 lesen wir von einer anderen als der schon beschriebenen Herstellungsart:
Man mahlt die Mandeln zweimal durch und arbeitet sie mit dem Puderzucker und etwas Rosenwasser auf dem Herd gut ab, bis sich der Teig vom Topfboden löst. Nun legt man ihn auf ein mit Puderzucker bestreu-

tes Brett und knetet ihn nochmals gut durch. Die Backoblaten werden in Rautenform zugeschnitten, mit Rosenwasser angefeuchtet und mit Kardamom und Muskatblüte bestreut. Man streicht die Marzipanmasse geschwind darauf (ehe die Oblaten weich werden) und läßt sie im Ofen bei gelinder Hitze backen. Danach überzieht man sie mit der aus Puderzucker und Eiweiß gerührten Glasur und gibt sie nochmals zum Trocknen in den Ofen. Zuletzt belegt man sie mit den streifig geschnittenen Orangen- und Zitronenschalen. (Man kann sie auch mit buntem Zucker oder kleingeschnittenen kandierten Früchten verzieren.)

Eiweiß

Innerhalb des eyes hat es noch einen andern underscheydt / dann das weiß ist schwerlicher zu verdäwen wann der dotter / und wässeriger schleimiger art. Darumb etliche ärtzet in sonderheyt wöllen / daß schwachen blöden leuten das eyerweiß nit gegeben werden sol.

(G. Ryff, 1555)

Kraftmarzipan

Der Name dieses Rezepts erinnert noch an die pharmazeutische Vergangenheit des Rezepts, als das Marzipan als Stärkungsmittel gehandelt wurde. Aber stärken Sie sich getrost damit: Es schmeckt ganz köstlich!

500 g geschälte, zweimal durchgemahlene Mandeln, 500 g Puderzucker, je 100 g kleingeschnittene Pignoli (Pinienkerne) und Pistazien, ½ Teelöffel Zimt, 2 Messerspitzen Muskatblüte, 40 g in feine Streifen geschnittenes Zitronat, die dünn abgeschälten und feingeschnittenen Schalen einer Orange und Zitrone, Rosenwasser nach Bedarf; rechteckige Backoblaten oder Obstkuchenoblaten; zum Glasieren: 250 g Puderzucker, 1 Eiweiß; zum Verzieren: ganze Pinienkerne, grobgehackte Pistazien, Zitronat und Orangeat.

Man bereitet nach Grundrezept (Seite 36) aus den angegebenen Zutaten eine geschmeidige Marzipanmasse und wellt diese auf dem Brett in der gewünschten Form und Größe aus (z. B. quadratisch oder rund, je nachdem, wie man die Oblaten vorbereitet hat). Man belegt damit die mit Rosenwasser angefeuchteten Oblaten (wenn man rechteckige Oblaten zu einer größeren Fläche zusammenlegen will, feuchtet man sie an den Rändern etwas an, dann kleben sie aneinander) und gibt es in den Ofen, damit es ein wenig Farbe bekommt. Nach dem Erkalten streicht man die Puderzuckerglasur darüber, »setzt sie nochmal in Ofen, biß der Zucker ertrocknet«, wie es im Originalrezept um 1700 heißt, und verziert nach Belieben.

Kraftmarzipan auf andere Art

350 g abgezogene, grobgemahlene Mandeln,
200 g feiner Zucker, Saft einer Zitrone – je nach Bedarf
auch etwas mehr –, dünn abgeschälte und
feingehackte Schalen von zwei Zitronen, 1 Eiweiß;
rechteckige Backoblaten; evtl. Guß aus 250 g Puderzucker
und 1 Eiweiß.

Man verknetet Mandeln und Zucker mit dem Zitronensaft und den Zitronenschalen und vermengt den Teig mit dem zu Schnee geschlagenen Eiweiß zu einer streichfähigen Masse. Nun macht man die Oblaten zurecht; im Original wird empfohlen: »Man schneidet nochmal Oblaten wie Rauten, Hertze, Kleeblätter, oder wie es sonst beliebet.« Der Phantasie sind dabei keine Grenzen gesetzt, denn die Oblaten lassen sich mit der Schere oder einem scharfen Messer und einer Schablone in beliebige Formen bringen. (Zum Verschenken kann man sich passende Symbole aussuchen, wie z. B. zur Taufe eine stilisierte Wiege, die man dann noch mit hellblauen oder rosa Zuckerperlen verzieren kann.) Man streicht die Mandelmasse auf die geformten Oblaten und läßt sie im Ofen kurz überbacken. Man kann noch eine Glasur daraufgeben und das Ganze hübsch verzieren. Man kann aber auch z. B. mit einem Hölzchen vor dem Backen ein Muster einstechen oder einkerben.

Niederländisches Marzipan

500 g Mandeln, 300 g Puderzucker, Rosenwasser nach
Bedarf; rechteckige Backoblaten; zum Glasieren:
250 g Puderzucker, 5 Eßlöffel Rosenwasser; zum Verzieren:
Pignoli (Pinienkerne).

Man bereitet das Marzipan, wie im Grundrezept (Seite 36) angegeben,
streicht es auf in Rautenform zugeschnittene, mit Rosenwasser angefeuchtete Oblaten und »bezwicket« es an den Rändern, das heißt, man
zwickt oder kerbt sie mit dem Messerrücken oder einer Stricknadel etwa
½ cm lang und im Abstand von 1 cm ein. Man kann dies auch mit einer
glühenden Stricknadel tun, dann erhält man braune Streifchen. Man
überbäckt die Rauten, bis sie sich hellbraun färben, glasiert sie und
»bestecket selbige, wo es bezwicket worden, mit Pinien-Nüßlein, so man
nach Belieben vergolden kann«.
Auch ohne Gold sind diese Marzipanrauten sehr hübsch anzusehen. Will
man sie verschenken, kann man auf die frische Glasur mit den Pignoli
z. B. die Initialen des Beschenkten oder sein Geburtsdatum einlegen.

Gefüllte Marzipanblume

650 g Mandeln, 350 g Puderzucker (das
Mischungsverhältnis kann auf je 50% ausgeglichen
werden), etwa 4 Löffel Orangenblütenwasser, 4–6 Tropfen
Bittermandelöl; für die Fülle: je 100 g grobgeriebene oder
gehackte Mandeln und feingewiegtes Zitronat,
20 g kleingehackte Rosinen, etwas Zimt, etwas Kardamom,
1–2 Likörgläschen süßer Portwein oder Sherry; 6 große,
runde Backoblaten; für die Glasur: 200 g Puderzucker,
etwa 4–5 Eßlöffel Himbeersaft.

Man verknetet die angegebenen Zutaten zu einem nicht zu festen Teig
(man kann auch noch etwas Eiweiß zugeben), den man auf einem mit
Puderzucker bestäubten Brett kleinfingerdick auswellt. Nun klebt man,

indem man sie an den Nahtstellen etwas anfeuchtet, 6 Oblaten in Form einer Rosette zusammen (eine Oblate bildet die Mitte) und schneidet das Marzipan nach dieser Schablone mit dem Messer und legt es auf die zuvor mit Orangenblütenwasser bestrichene Oblatenrosette. Man kocht die Fülle mit dem Portwein ein wenig ein (sie darf nicht zu naß sein) und verteilt sie auf dem Marzipanboden, läßt die Ränder aber frei. Nun schneidet man ebenso wie für den Boden einen Deckel aus Marzipanteig zu, bestreicht den Rand mit Eiweiß und legt ihn obenauf. Man kerbt den Rand ein, wie beim »Niederländischen Marzipan« beschrieben, glasiert zuletzt mit dem rosa gefärbten Zuckerguß und verziert die gefüllte Marzipanblume mit Zuckerperlen oder feingeschnittenen kandierten Früchten und läßt sie bei Zimmertemperatur einen Tag lang trocknen.

Italienisches Marzipan

400 g Puderzucker, 250 g geschälte, gestiftelte Mandeln,
150 g kleingehackte Pistazien, 150 g kleingeschnittene
Rosinen, 70 g ganze Pignoli (Pinienkerne),
70 g feingeschnittenes Zitronat, Saft einer halben Zitrone;
rechteckige Backoblaten.

Man läßt den Puderzucker in einem Topf vorsichtig zerfließen und verrührt ihn mit den übrigen Zutaten, bis die Masse zusammenhält (notfalls noch etwas Zitronensaft zugeben!) und streicht diese fingerdick auf rechteckige Oblaten, die zuvor ein wenig angefeuchtet wurden. Man bedeckt sie mit ebenfalls benetzten Oblaten, beschwert die Schnitten eine Weile (z. B. über Nacht) und schneidet sie zu Stücken. Auf diese Weise kann man auch andere Marzipansorten verarbeiten. Es ist besonders schnell hergestellt und bleibt dank der Oblaten lange frisch.

Marzipanigel

Etwa 20 saftige Kurpflaumen (oder Dörrzwetschgen, die
über Wasserdampf weich gemacht wurden), etwa 300 g – je
nach der Größe der Pflaumen – frisches Marzipan nach
einem der vorstehenden Rezepte; kleine, runde
Backoblaten; zum Verzieren: abgezogene, gestiftelte
Mandeln.

Man schneidet die Pflaumen auf der Seite auf, entsteint sie und füllt sie mit
einem Marzipanstück passender Größe. Nun drückt man die Pflaumen
wieder in Form und läßt dabei das Marzipan unten etwas herausschauen.
Man gibt einen Tupfen Eiweiß in die Mitte der Backoblaten und setzt die
Pflaume darauf. Zuletzt spickt man die Pflaumen nach Igelart mit den
Mandelstiften.

Weichselbomben

210 g Mandeln, 210 g Puderzucker, 1 kleines Eiweiß, etwas
Kirschwasser; kleine, runde Backoblatten; entsteinte,
abgetropfte Weichseln (Sauerkirschen), evtl. auch
Schnapsweichseln; für die Glasur:
125 g Zartbitterschokolade, 150 g Puderzucker, 4 Eßlöffel
Wasser, 1 Eßlöffel Butter.

Mandeln, Zucker, Eiweiß und Kirschwasser werden, wie im Grundrezept
(Seite 36) beschrieben, zu Marzipan verarbeitet, das auf einem mit Puder-
zucker bestäubten Brett einen halben Zentimeter dick ausgewellt wird.
Nun sticht man mit einem passenden Glas oder Förmchen das Marzipan
in Oblatengröße aus und belegt mit der Hälfte der Scheiben die mit
Kirschwasser angefeuchteten Oblaten. Man bestreicht den Rand jeder
Marzipanscheibe mit etwas Eiweiß, setzt in die Mitte eine abgetropfte
Weichsel und legt die zweite Scheibe als Deckel darauf. Zuletzt kerbt man
den Rand ringsum mit einem Hölzchen oder einer Stricknadel ein, um das
Marzipan fest anzudrücken, und überzieht es mit der Schokoglasur.

Ananaskonfekt

Man bereitet es ebenso wie Weichselbomben, nur nimmt man statt der Weichsel ein Stückchen kandierte Ananas. Wer es nicht ganz so süß mag, wie die alten Kochbuchautoren es wollen, kann die kandierte Frucht durch eine frische ersetzen. In diesem Fall sollte man das Konfekt nicht zu lange aufbewahren.

Marzipanrosen

Marzipanrest, Eiweiß, kleine Backoblaten.

Dieses Konfekt bietet sich besonders an, wenn von einem der vorstehenden Rezepte ein Rest Marzipan-Grundmasse übriggeblieben ist. Unter diese muß man nur etwas zu Schnee geschlagenes Eiweiß mischen, bis ein sehr weicher Teig entsteht. Diesen füllt man in den Spritzsack oder die Tortenspritze und setzt dicke Tupfen in Rosettenform auf die Oblaten. Sie gehen hübsch auf, wenn man sie bei Oberhitze bzw. auf der vorletzten oberen Schiene kurz überbäckt.

Orangenmarzipan

600 g Mandeln, 200 g Puderzucker, 3–4 Eßlöffel Orangenlikör, evtl. noch etwas Orangenblütenwasser; runde Backoblaten; zum Verzieren: 50 g abgezogene, feingehackte Mandeln, 50 g feingewiegtes Orangeat; etwas Eiweiß, 2–3 kandierte Orangenscheiben.

Man verknetet die angegebenen Zutaten, wie im Grundrezept (Seite 36) beschrieben, zu einer geschmeidigen Masse, die man dick auf Backoblaten streicht. Man drückt eine zweite Oblate darauf, bis die Masse etwas hervorquillt. Nun drückt man den Marzipanrand rundum in die Mandel-Orangeat-Mischung und klebt zuletzt ein Stückchen kandierte Orangenscheibe auf die obere Oblate.

Diese und viele andere Marzipanrezepte, die man in alten Kochbüchern findet, zeigen zum einen, daß es an der »Confect-Tafel« unserer Vorväter keineswegs eintönig zuging, zum anderen lehren sie uns, daß man das vorzügliche Marzipan früher vor allem in Verbindung mit Oblaten angeboten hat.

Der Gebrauch von Oblaten erklärt sich jedoch nicht nur aus der Tradition, kostbare Substanzen auf Oblaten zu reichen, sondern entspringt vor allem einer praktischen Notwendigkeit: Da Marzipan in frühester Zeit immer gebacken wurde (G. Ryff beschreibt dies 1644 ausführlich), brauchte man die Oblatenunterlage, damit der weiche Teig, den man vor allem zu größeren »Torten« zu formen pflegte, beim Hantieren mit der Tortenpfanne nicht zerbrach.

Später erwies sich die Oblate in noch einer anderen Beziehung als nützlich: Man begann, das leicht formbare Marzipan vor dem Backen mit den Modeln zu prägen, die man sonst zur Lebkuchenherstellung verwendete. Diese Model mußten mit Puderzucker bestäubt und in die Marzipanmasse eingedrückt werden. Im »Kochbuch von allerhand Speisen . . .« der Anna Weckerin lesen wir, daß es um diese Zeit (1598) auch schon eigens für Marzipan hergestellte Model gab:

> . . . oder ist der model zum Marcipan gemacht
> und gossen oder geschnitten
> so streich die Mandeln gleich drauff
> zuvor aber salbe den
> darnach kleib die Oflatten drüber
> und laß die Mandeln zun Orten des Models
> kehr in umb
> darnach mach ihm ein schönes Kräntzlein . . .
> und bach es nicht in grosser Hitz
> damit es gemach wol außtruckne
> und doch weiß bleib
> allerbests ist im Ofen
> wann das grosse brot herauß kompt . . .

Auf die mit Mandelöl bestrichenen Marzipanmodel wurde also der Teig direkt aufgestrichen und, wenn das Muster abgeformt war, mit Hilfe

einer Oblate abgenommen. Wer irgendwelche Gebäckmodel besitzt –
auch Springerlemodel sind geeignet –, sollte nicht versäumen, eine Torte
(oder kleine Törtchen, wenn es kleine Model sind) folgender Art zu
machen:

Marzipantorte
nach Art
der Anna Weckerin (1598)

500 g Mandeln, 500 g feiner Zucker,
Rosenwasser; rechteckige Backoblaten oder
Obstkuchenoblaten.

Nach dieser Vorschrift ist zunächst die Hälfte des Zuckers (250 g) mit
Rosenwasser zu einem Sirup zu kochen. Dann rührt man die Mandeln
dazu und schließlich verknetet man den Rest des Zuckers mit der Masse.
Nun formt man die Oblaten in der gewünschten Größe (je nach Form des
Models), »und wo zwey theil auff einander gehen / da bestreich ez under
mit eim federlein in Eyerklar getunckt / so hebt es das ander«; man kann
also Oblaten aneinanderkleben, indem man die Ränder mit etwas Eiweiß
bestreicht. Diese bestreicht man dick mit der Mandelmasse, »bestrew das
wol mit Zucker / den model salbe mit süßem Mandelöl / truck in sanfft
darauff«, und wenn sich das Model gut abgeformt hat, nimmt man es ab.
Nun formt man aus Marzipan ein Rändchen, legt es außen herum und
zwickt es in gleichmäßigen Abständen mit einer Schere ein. Die vortreffli-
che Anna Weckerin rät, es entweder nach dem Brot in den Backofen zu
schieben oder in der Pastetenpfanne zu backen, doch bei dieser sei größte
Vorsicht geboten: »in pastetenpfannen ist es bald übersehen.« Wir aber
schieben das Marzipan in den Backofen und überbacken es, ohne daß es
bräunt.

Das Marzipan, das sich so vortrefflich für kleine scherzhafte »Betrüge-
reien« eignete (siehe das »Marzipan von Salz«, Seite 37), schien zur
Täuschung geradezu herauszufordern. Da Mandeln ebenso wie Zucker in
früheren Jahrhunderten um vieles kostbarer waren als heute, lag der

Gedanke nahe, die Mandelmasse zu strecken. Wir schweigen hier von all den Rezepten, in denen das Marzipan mit Tragant oder Gummi arabicum vermischt wurde, einesteils, um es noch besser formbar zu machen, zum anderen, um die Herstellung zu verbilligen. Nicht empfehlen wollen wir auch jene Rezeptvorschläge, nach denen ein Teil der Mandeln durch Mehl oder Grieß zu ersetzen ist, um das Konfekt preiswerter zu machen. Geschäftstüchtige Händler haben gelegentlich mit solchen Methoden ihre Gewinne zu steigern versucht – und versuchen es heute noch: Immer wieder stößt man auf bröckeliges, minderwertiges Marzipan mit überhöhtem Zuckeranteil. Am unverfrorensten scheinen aber die Nürnberger Zuckerbäcker vorgegangen zu sein: Sie »vergaßen« die Mandeln ganz und nannten das Ergebnis:

Nürnberger Marzipan

5 Eier, 560 g Zucker, 560 g Mehl, 1 Eßlöffel Arrak,
1 Messerspitze pulverisierte Pottasche; rechteckige
Backoblaten; zum Formen: Holzmodel.

Haupterfordernisse hierzu, so belehrt uns das alte Nürnberger Backbuch, seien trockenes Mehl und trockener Zucker. Deshalb sei beides vor Gebrauch erst einmal zu sieben und an einen warmen Ort zu trocknen. Wenn dies geschehen ist, rührt man Eier und Zucker »eine Stunde lang« zu einer guten Schaummasse. Dann mengt man das Mehl und Arrak darunter und arbeitet die Masse auf dem Brett zu einem festen, feinen Teig ab. Nun läßt man den Teig zugedeckt zwei Stunden auf dem bemehlten Brett ruhen. Anschließend legt man das Brett mit Backoblaten aus, auf denen man den Teig messerrückendick auswellt. Man schneidet Stückchen in passender Größe aus, in die man die mit Mehl und Zucker bestäubten Model drückt und stellt die »Marzipan«-Plätzchen über Nacht an einen kühlen Ort. Am nächsten Tag bäckt man sie bei mäßiger Hitze. Das »Marzipan« soll weiß bleiben, deshalb darf es nur so lange im Ofen gelassen werden, bis es aufgegangen und hart geworden ist. Damit es noch besser aufgeht, kann man unter die Masse während des Rührens auch eine Messerspitze Pottasche mengen.

Eine ganz andere Art, die Mandeln im Marzipan zu ersetzen, stellt das folgende, keineswegs sparsame Rezept aus dem »Confect-Tisch« der Maria Sophia Schellhammer dar:

Piſtazien-Brodt.

Nim Piſtazien ſo viel du wilt/ und wenn du ſie von den Hülſen geſaubert/ ſo ſtoß ſie mit ſo viel Zucker als Piſtazien du haſt/ daß es ſich zuſammen giebt wie ein Teig: Wenn es aber etwan nicht wil zuſammen halten/ ſo gib ein wenig Roſen-Zimmet- oder Pomerantzenblüth-waſſer dazu/ dann drücke es in Formen und backe es auf Papier/ es muß aber nicht braun werden: Wenn du wilt/ kanſt du halb oder auch wohl eitel Mandeln nehmen/ und ſelbe mit Peterſilien-ſafft farben/ es zieret den Confect ſehr.

Wenn auch das Marzipan unter allen Konfekt-Arten eine besondere Stellung einnimmt, so sollen doch die anderen Konfekt-Sorten, die auf zarter Oblatenunterlage den alten »Confect-Tisch« zierten, nicht ganz vergessen werden. Eigentlich wären an dieser Stelle auch die Makronen zu loben, doch diese sind an eigener Stelle gewürdigt (siehe Seite 59). Auch die Fruchtpasten oder -schnitten, die ebenfalls aus der Apotheker-büchse stammen, sollen für sich betrachtet werden (siehe Seite 52 ff.). Da bleiben uns nun noch einige würzige und fruchtige Leckereien, um das süße Bild dessen abzurunden, was es alles auf und zwischen Oblaten gab.

Pomeranzenzeltel

140 g Puderzucker, abgeriebene Schale einer
Orange, 1 Eiweiß, etwas Orangensaft;
kleine, runde Backoblaten.

Man verrührt die angegebenen Zutaten mit dem zu Schnee geschlagenen Eiweiß wie für eine Zuckerglasur, setzt davon kleine Häufchen auf Oblaten, gibt sie in den Backofen und trocknet sie bei mäßiger Hitze.

Limonenzeltel

Man stellt sie auf dieselbe Art her, nur nimmt man statt Orangenschalen und -saft Schalen und Saft einer Zitrone.

Citronen

Confect von der wolriechenden rinden der gelben Juden oder Citrinaten öpffel / erwermt den magen und brust / und steckt alle erkalte glider / bekrefftiget die natürlich hitz des leibs . . . bewart auch den Menschen vor bösem vergifftem pestilenzischem luft / sonderlich Winters zeiten . . . (G. Ryff, 1555)

Vanillezeltel

Sie werden auf ähnliche Weise hergestellt. Für diese verrührt man Zucker und Eischnee mit Vanillelikör.

Schokoladezeltel

Man verrührt Zucker und Eischnee mit etwas Arrak und vermischt dies mit etwas erweichter Schokolade.

Obstsaftzeltel

Für diese gibt man zu der Eischnee-Zuckermasse so viel frischgepreßten Himbeersaft, daß sie sich rosa färbt.

Am besten nimmt man sich alle diese Varianten vor und macht einen hübschen Konfektteller aus bunten Zeltchen.

Marillenzeltel

1 Eiweiß, 3 Eßlöffel Marillenmarmelade
(= Aprikosenmarmelade), Puderzucker nach Bedarf;
rechteckige Backoblaten; zum Bestreuen: Farinzucker.

Die fruchtigen Zeltchen sind im Handumdrehen hergestellt. Man verrührt das Eiweiß gründlich mit der Aprikosenmarmelade, gibt so lange Puderzucker hinzu, bis die Masse fest wird, und wellt den Teig auf rechteckige Backoblaten nicht zu dick aus. Nun zerschneidet man die Platten in kleine Rauten, die man mit der Oberseite in Farinzucker drückt und zuletzt bei sehr schwacher Hitze bäckt.

Zimtkonfekt

100 g feingeriebene Mandeln, 70 g Puderzucker, 2 Eiweiß,
1 gehäufter Teelöffel gemahlener Zimt; rechteckige
Backoblaten.

Mandeln, Zucker und Eiweiß sind, wie das Rezept aus dem frühen 19. Jahrhundert vorsieht, eine Viertelstunde lang zu rühren, dann wird der Zimt daruntergemengt und mit der Masse so lange verrührt, bis sie ganz steif ist (notfalls kann man mit etwas Stärkemehl nachhelfen). Weiter lautet das Originalrezept: »Schneide sodann Oblate in beliebige Figuren, streiche von der Masse eines halben Fingers hoch darauf und backe sie, auf Butterpapier gelegt, in der Tortenpfanne, aber ja vorsichtig, indem sie leicht verbrennen.« Besonders hübsch machen sich kleine Herzen oder Rauten, die man mittels einer Schablone und einem scharfen Messer aus den Oblaten ausschneidet.

Maronen oder Kastanien
nachzumachen

Dies ist kein scherzhaftes Vexierspiel, sondern eine subtile Verwandlung
echter Maronen in köstliches Konfekt:

15 schöne Maronen, etwas Milch oder Eiweiß,
125 g Puderzucker, 3 Eiweiß; kleine, runde Backoblaten.

Man schneidet die Schalen der Eßkastanien ein, gart sie im heißen Ofen
(aus Sparsamkeitsgründen benutzte man dazu früher die heiße Asche)
und befreit sie von den Schalen. Danach püriert man sie im Mixer mit
etwas Eiweiß oder Milch (man kann sie auch durch den Fleischwolf
drehen oder, wie im Original, im Mörser zerstoßen) und verrührt sie mit
dem Puderzucker. Anschließend schlägt man die Eiweiß zu festem
Schnee, den man mit der Maronenmasse vermengt. Daraus formt man
maronenähnliche Kugeln, legt sie auf die mit wenig Eiweiß bestrichenen
Oblaten und backt sie gelb.

Weißer Nougat

Diese Schleckerei ist eine Spezialität der französischen Stadt Montélimar
und heißt danach auch »Nougat blanc« oder »Nougat de Montélimar« –
aber sie wird auch jedem hierzulande gelingen, der sich genau an die
Anweisungen von Katharina Prato in ihrer »Süddeutschen Küche« hält:

1000 g Würfelzucker, etwas Vanillemark, ¼ l Wasser,
1 Eiweiß, 500 g Honig, 7 Eiweiß, 750 g geschälte und
gewürfelte Walnüsse, kandierte Früchte nach Belieben;
rechteckige Backoblaten.

Man befeuchtet den Würfelzucker und das Vanillemark mit dem Wasser
und dem 1 Eiweiß und läßt ihn stehen, bis er sich aufgelöst hat. Dann läßt
man ihn bis zum fünften Grade kochen, das heißt, man kocht ihn über das
Spinnen hinaus etliche Minuten bei gleichbleibender Hitze weiter, bis

sich, wenn man den Schaumlöffel eintaucht und durchbläst, große Blasen bilden (daher heißt dieser Grad auch »die große Blase«). Nun rührt man den Honig dazu, läßt die Masse einmal aufwallen und nimmt sie dann vom Herd, bis sich der Schaum gelegt hat. Das wiederholt man einige Male, bis die Masse so dick ist, daß ein Tropfen fast stehen bleibt. Nun gießt man das Ganze in einen großen Topf um, läßt ein wenig auskühlen und mischt dann den festen Schnee von 7 Eiweiß darunter. Zuletzt stellt man die Masse wieder bei kleiner Hitze auf den Herd und rührt die Mischung bei gleichbleibender Temperatur 60–90 Minuten lang immer in gleicher Richtung.

Zur Fertigstellung rät K. Prato: »Wenn die Masse dicht ist, mischt man die Nüsse, die man in je 4 (oder 8) Teile geteilt hat, dazu, streicht die Mischung schnell auf ein mit Oblaten belegtes Brettchen, bedeckt sie mit Oblaten, beschwert sie ein wenig und läßt sie einige Tage stehen. Dann schneidet man sie in länglich-viereckige Stücke«.

Um den Nougat-Stänglein ein hübscheres Aussehen zu geben, kann man nach Belieben auch bunt gemischte und kleingeschnittene kandierte Früchte dazugeben. Ebenso kann man statt der Walnüsse Mandeln oder Haselnüsse verwenden.

Krokanttaler

250 g geschälte, blättrig geschnittene Mandeln,
100 g Puderzucker, 30 g Butter; runde Backoblaten.

Um dem Krokant einen besonders kräftigen Geschmack zu geben, röstet man die Mandeln zuvor lichtgelb. Dann läßt man, während man fleißig umrührt, den Zucker mit der Butter in der Pfanne karamelisieren und gibt dann die noch warmen Mandeln dazu. Wenn die Masse gut vermengt ist, verteilt man sie geschwind in flachen Häufchen auf kleine runde Back-oblaten.

Lanner-Schnitten

100 g Zucker, 100 g Haselnüsse, 120 g Butter, 100 g Zucker,
2 Eigelb; rechteckige Backoblaten.

Man läßt den Zucker auf nicht zu heißem Herd karamelisieren, rührt dazu dann die zuvor gerösteten und gemahlenen Haselnüsse und nimmt den Topf vom Herd. Sodann schlägt man Butter, Zucker und Eigelb zuerst kalt, dann auf dem Feuer zu einer dicken Schaummasse und vermengt diese mit den Nüssen. Man streicht die Masse auf Oblaten, legt weitere Oblaten darauf, fährt mit dem Wellholz kurz darüber und schneidet nach dem Erkalten kleine Stangen oder Würfel.

»Zelten von Quitten / möcht' ich mir erbitten«
So beginnt das etwas holprige Widmungsgedicht eines handgeschriebenen Kochbuchs. Wir wollen die Leser keiner allzu langen Geduldsprobe unterziehen und ohne Umschweif gleich beginnen, die fruchtigen Konfekte nachzutragen, die so hervorragend zwischen Oblaten zu legen sind, weshalb wir sie gleich alle »Fruchtschnitten« nennen wollen.

Quittenkäse

560 g Würfelzucker, 560 g Quittenmark, 200 g nicht zu fein
gehackte Walnüsse; rechteckige Backoblatten.

Man taucht die Würfelzuckerstücke einzeln in Wasser, wartet, bis sie zergangen sind, und kocht den Zucker dann unter Rühren, bis er anfängt, dick zu werden und sich seitlich am Topf anlegt. Nun gibt man das Quittenmark und die Walnüsse sofort hinein und kocht unter beständigem Rühren so lange, bis es fest ist: Wenn man einen kalt abgespülten

Löffel in die kochende Masse steckt, soll sich nichts anhängen. Man füllt diese Masse entweder in kalt ausgespülte (nicht abgetrocknete) Model, die man mit Oblaten bedeckt, oder man läßt die Masse etwas abkühlen, gießt sie auf ein mit Oblaten belegtes Brett, legt nochmals Oblaten darauf und beschwert das Ganze über Nacht. Am nächsten Tag stürzt man den Quittenkäse aus den Modeln und schneidet die Oblaten ringsum an oder man zerschneidet die große Schnitte in kleine Rauten oder Stangen.

Aprikosenschnitten

1000 g vollreife Aprikosen, Zucker, Bittermandelaroma;
rechteckige Backoblaten.

Zunächst überbrüht man die Aprikosen und zieht die Schalen ab. Dann gibt man die entsteinten Früchte in einen Topf, bedeckt sie knapp mit Wasser und kocht sie weich. Nun streicht man sie durch ein feines Sieb, wiegt sie ab und gibt ebensoviel Zucker und das Bittermandelaroma dazu. Die Fertigstellung der Masse und die Verarbeitung geschieht, wie bei »Quittenkäse« angegeben.

Pfirsichpaste

Sie ist auf dieselbe Weise zuzubereiten wie »Aprikosenschnitten«. Um die Kochzeit abzukürzen, kann man sich mit einem Geliermittel (Einkochhilfe) helfen.

Apfel – Honigpaste

1000 g dick eingekochtes frisches Apfelmus, 300 g Honig, 150 g geschälte, grobgehackte Haselnüsse; rechteckige Backoblaten.

Man kocht Apfelmus und Honig unter Rühren so lange ein, bis die Masse so dick ist, daß sie sich vom Topfrand zu lösen beginnt. Nun rührt man die Haselnüsse unter und verarbeitet die Paste, wie bei »Quittenkäse« beschrieben.

Eisenkuchen

Über das Backen
von Oblaten

Wenn auch dieser Name – einer der vielen, mit denen die Oblate im Laufe ihrer langen Geschichte belegt wurde – heute ganz ungebräuchlich geworden ist, so sagt er doch sehr viel über die Geschichte des zarten Gebäcks aus.

Als man um das Jahr 1000 davon abkam, die ungesäuerten Fladenbrote, die als Hostien im Gebrauch waren, umständlich auf heißen Steinen zu backen, sondern besondere Eisen dafür schmiedete, in denen der Backvorgang schneller, sauberer und kontrollierter durchgeführt werden konnte, war dies ein entscheidender kulturhistorischer Schritt. Diese »ferramenta oblatoria«, wie sie kirchenlateinisch genannt wurden, oder »oblâtîsen«, wie sie zur Zeit ihrer Erfindung im mittelalterlichen Deutsch hießen, waren so handlich, daß sie bis zur Erfindung der Elektrizität nach demselben Prinzip fast unverändert hergestellt wurden. Sie bestanden aus zwei runden oder ovalen (linksrheinisch auch rechteckigen) Eisenplatten, die mit einer Art Scharnier verbunden waren und mittels zweier langer Stiele aufeinandergepreßt werden konnten.

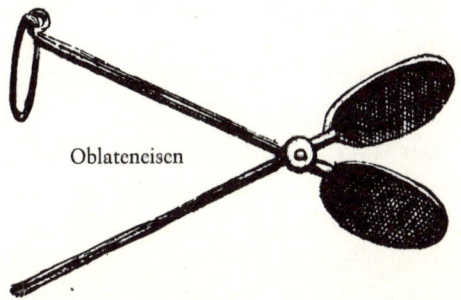

Oblateneisen

Die Handhabung war äußerst einfach, wenn auch – beim Gewicht des eisernen Geräts – sicher kraftraubend. Man goß den dünnflüssigen Teig, der aus sehr fein gemahlenem Mehl (daher die Bezeichnung »Oblatenmehl«, sonst auch »Mundmehl«) und Wasser angerührt wurde, auf die erhitzte Eisenplatte, preßte das Eisen zusammen und buk die Oblate so über offenem Feuer. Nach einer guten Minute konnte man hoffen, beim Öffnen des Eisens eine gelungene Oblate vorzufinden. Allerdings war zu diesem Geschäft eine ordentliche Portion Fingerspitzengefühl erforderlich – denn schnell war die Oblate verbrannt, wenn man zu lange wartete; war man hingegen voreilig, klebte der Teig noch am Eisen oder zerriß beim Öffnen.

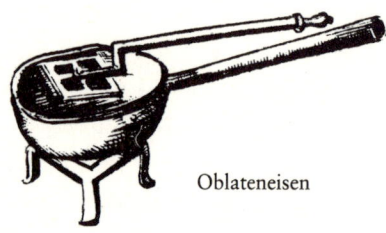

Oblateneisen

Man kann also die vielen tausend Klosterfrauen nur bewundern, die sich jahrhundertelang dieser Aufgabe gewidmet haben. Denn das Backen von Oblaten war zunächst ausschließlich Aufgabe der Klöster. Dies belegen unter anderem die »Benedictiones ad mensas« des Klosters St. Gallen aus dem 11. Jahrhundert, in denen zehn verschiedene Gebäcksorten aufgezählt werden, darunter auch Oblaten.

Im 13. Jahrhundert begann man, für den weltlichen Gebrauch der Oblaten den Teig zu verändern. Man setzte ihm Gewürze zu und reicherte ihn mit Eiern, Fett, Zucker, Milch und anderen Geschmackszutaten an. Auch die neue Oblatenform, aus der sich die Waffeln entwickeln sollten, wurde lange Zeit mit dem Hostien- oder Oblateneisen gebacken. Durch diese zweite Verwendung wurde das Eisen auch außerhalb der Klöster interessant.

Im Spätmittelalter dürften wohl die ersten tönernen Oblatenformen entstanden sein, doch die Eisen blieben vorherrschend. Da das Material sich dazu anbot, wurden die Eisen immer kunstvoller graviert und entwickelten sich zu edlen Erzeugnissen des Kunstgewerbes. Aus dem 16. Jahrhundert berichtet uns die Zimmernsche Chronik:

> Es wardt domals am Hof ein künstler, kunte die Offlateneisen maisterlichen graben, hieß maister Federlin latein ... derselb ist ein wunderbarer künstlicher Gesell gewesen of seinem Handwerk und auch mit anderen künstlichen Sachen, wie das noch die offlateneisen, die er gemacht, und anderes aufweisen.

Oblateneisen mit symbolträchtigen Gravuren und beziehungsreichen Sinnsprüchen gehörten bald zur gehobenen Ausstattung auch der Privathaushalte und mögen − der Charakter der gravierten Darstellungen weist darauf hin − nicht selten Prunkstück der Aussteuer gewesen sein.

Daneben wurden Oblaten auch in Apotheken hergestellt, die diese Tradition möglicherweise aus der Zeit behalten haben, als Apotheken noch in Klosterhand waren. Die Apotheker verkauften beides, die einfache (Back-)Oblate, nach ihrer liturgischen Funktion auch »panis eucharisticus« genannt, und die biskuitähnlichen Waffeloblaten, im Apothekerlatein als »panis biscotus« bezeichnet und noch heute als Karlsbader Oblaten bekannt.

In späterer Zeit bediente man sich auch in den gewerblichen Backstuben der Oblateneisen. Aus dem Paris des 19. Jahrhunderts ist überliefert, daß Bäckerlehrlinge und -gesellen das Recht hatten, am Abend die übriggebliebenen Tcigrcstc im Oblateneisen zu verbacken und auf eigene Rechnung auf der Straße zu verkaufen. Diese »marchands de plaisir« prägten zusammen mit den vielen anderen Straßenverkäufern bis ins späte 19. Jahrhundert das Stadtbild von Paris.

Wenn aber bei der häuslichen Bäckerei für z. B. eines der in diesem Buch vorgestellten Rezepte Oblaten erfordert waren, bezog die Hausfrau diese aus der Apotheke oder später auch aus der Drogerie, wenn sie nicht – was wohl nicht selten vorkam – selbst zum Oblateneisen griff. Im »Kunstbäcker von Europa« aus dem Jahr 1816 ist die Herstellung von Oblaten im Eisen beschrieben:

Oblatten zum Backen

Nimm feines Mundmehl, gieße etwas Wasser daran, und rühre es glatt ab; alsdann verdünne den Teig mit Wasser, wie zu Hohlhippen (sic!), bestreiche das Eisen mit Wachs, mach es warm und wisch es wieder ab; nachdem laß es wieder heiß werden, gieß einen Löffel voll Teig darauf und backe sie nur soviel, daß sie trocken werden.

Makronen und Baisers

Seit über 300 Jahren kennt man in Deutschland die Makrone, lockeres Kleingebäck aus den Grundzutaten Mandeln, Zucker, Eiweiß – und Oblaten, auf denen man sie seit jeher bäckt. Um die Mitte des 17. Jahrhunderts müssen Makronen bei uns wohl schon »in aller Munde« gewesen sein, wenigstens dem Namen nach, wie sonst hätten einige Barock-Autoren (Lauremberg, Böckler, Wolley) bereits auf sie anspielen können. Gegen Ende des Jahrhunderts war auch die Zubereitungsart Allgemeingut geworden, oder sie wurde es durch ausführliche Darstellung in verschiedenen weitverbreiteten Kochbüchern, so z. B. dem 1697 erstmals erschienenen »Brandenburgischen Kochbuch« der Maria Sophia Schellhammer, das mehrfach aufgelegt wurde und von dem bis zur 6. Auflage 1732, wie dort zu lesen ist, bereits 8000 Exemplare verkauft worden waren. »Die wohl unterwiesene Köchinn«, wie das Buch mit dem ersten Titel heißt, kann auch uns etwas lehren, und zwar, daß dieses Oblaten-Backwerk schon sehr früh auch in Preußen zu Rang und Namen gekommen war.

Die in manchen Kochbüchern – zum Teil bis ins 19. Jahrhundert – gebräuchliche Schreibweise Macaron läßt darauf schließen, daß es, vom damals kulturell weit überlegenen Frankreich kommend, den Weg nach Deutschland fand. Um den Ursprungsort des Gebäcks auszumachen, müßte man also nur zur Wurzel des Wortes »Makrone« zurückgehen. Hier – wie oft – sind die Sprachwissenschaftler jedoch uneins. Als sicher gilt immerhin, daß das Gebäck aus dem Venezianischen stammt (»Venedische Mandeln« werden noch im 18. Jahrhundert als Grundlage guter Makronen genannt) und dort ursprünglich macaroni heißt, was sich vom alt-italienischen »maccare« (quetschen) herleitet und demnach etwa »Gemenge« bedeuten müßte. Vielleicht hängt es auch mit dem italienischen »macerare« zusammen (mürbe machen) oder mit dem griechischen »macaria«, einer Art Getreidebrei – aber ohne jeden Zweifel ist es lautlich eng verwandt mit den beliebten »Makkaroni«.

Der wenig anziehende Charakter des Wortsinns »Gemengsel« soll jedoch keineswegs als Ausdruck der Geringschätzung des Gebäcks verstanden werden: Man kennt ja ähnliche »abwertende« Ausdrücke zur Bezeichnung gerade besonders populärer (vor allem Mehl-) Speisen (z. B. Schmarrn). »Gemenge« erklärt sich aber auch insofern, als nicht nur bei der Herstellung der Makronen das fleißige Rühren (nach Anweisungen in alten Kochbüchern oft halbe Stunden lang) eine Rolle spielt, sondern auch der griechische Getreidebrei vermengt werden wollte und es erst recht bei den Makkaroni »drunter und drüber« geht.

Aber auch mit einer literarischen Gattung pflegt die Makrone sprachliche Beziehungen: Seit Teofilo Folengo in seinem um 1520 erstmals erschienenem »Opus macaronicum« das Italienische in satirischer Absicht lateinisch verbrämte, nennt sich alle Literatur, die solche Sprachspiele treibt, »makaronisch« und kann so nicht verhehlen, mit Makronen und Makkaroni – und wenn auch nur in Seitenlinie – verwandt zu sein; denn so wie diese beiden ihrer Wortbedeutung nach ein Gemengsel darstellen, so werfen auch Folengo und Nachfolger Volkssprache und Latein in einen Topf, um daraus ein Sprachgemengsel anzurühren, das also mit einigem Recht Küchenlatein genannt wird. Womit uns die Suche nach dem Ursprung der Makrone unversehens an den Ort geführt hätte, dem alle Makronen entstammen: die Küche.

Die Ausstattung der Küche vergangener Jahrhunderte hat ja, wie wir sehen werden (siehe Seite 79), die Verbreitung auch der Makronen entscheidend beeinflußt. Diese eigneten sich nämlich in besonderer Weise für das Backen in Tortenpfannen, da sie bei geringer Hitze im Ofen oder sogar nur in Ofennähe herzustellen waren. Oblaten waren dabei unerläßlich, denn nicht nur mußten sie das Backgut von der Pfanne trennen, sondern sie hatten es vor allem vor zu starkem Austrocknen zu bewahren. Schließlich schätzte man die Makronen damals wie heute als knuspriges Gebäck mit weichem Kern.

Mindestens eine ebenso lange Tradition hat eine ähnliche Bäckerei, die aus einem einfachen Eiweiß-Zuckerschaum besteht und wie die Makronen nur auf Oblaten herstellbar ist: Das Baiser. Wenn auch der Name es als französische Erfindung ausgibt (in Frankreich übrigens ist er nur wenigen Gegenden gebräuchlich), läßt sich im Gegensatz zur Makrone

*kein Ursprungsort feststellen. Auf diese einfachste Art, süßes Backwerk
herzustellen, scheint man schon früh, vielleicht schon seit der Einführung
des Zuckers zur Zeit der Kreuzzüge, an verschiedenen Orten gekommen
zu sein. Im Deutschen nennt man es ebenfalls »Baiser« oder »Bäsee« (so
im Magdeburgischen Kochbuch von 1804, in dem sich die Empfehlung
findet: »Dieses kleine Gebäcksel macht wenig Mühe und ist sehr ange-
nehm von Geschmack«).
Eine andere verbreitete Bezeichnung ist* Spanischer Wind; *sie läßt an
Südeuropa als Ursprungsort denken. Oder ist vielleicht nur die Herkunft
der »Limonischöller« gemeint, die in vielen Baiser-Rezepten gefordert
werden? Um 1800 setzt sich auch bei uns die französische Form* Meringue
*durch (abgewandelt zu Merinke, Meringe oder Meringel), die nach Littré
ein Gebäck aus dem angeblich für Backwerk berühmten (sächsischen?)
Mehringen bezeichnen soll. Da die Bäcker von Mehringen im deutschen
Sprachraum so ganz folgenlos geblieben sind (auch das Grimmsche
Wörterbuch kennt sie nur aus dem »Littré«), kann diese Erklärung
angezweifelt werden. Vielleicht stand doch das spanische »melindre«
(eine Art Honigkuchen), zumindest für den Namen, Pate?*

*Dieser Begriffswirrwar macht deutlich, daß es Baisers als schlichteste
Form von Zuckergebackenem »schon immer« gegeben hat; denn wenn
man nur Zucker, Eiweiß und Oblaten zur Hand hat, ist das Gebäck
bereits so gut wie fertig. Ein »Frauenzimmerlexikon« (Amaranthes, 1773)
empfiehlt es denn auch seinen sicher eher schöngeistigen Leserinnen als
»kleines, artiges, leicht zu machendes Zuckergebäck, das in einem Augen-
blick zugerichtet werden kann«. Diese Tatsache scheint auch Marie-
Antoinette, die Gemahlin des unglücklichen Ludwigs XVI., überzeugt zu
haben, denn von ihr weiß die Anekdote zu berichten, daß ihre Vorliebe
für das süße Eiweißgebäck so weit ging, daß sie gelegentlich mit dero
höchsteigenen königlichen Händen in der Küche des »Trianon« zum
Schneebesen griff.*

Makronen zu machen.

Nim ein viertheil pfund wohl gestoßene Mandeln/ vier loth gestoßenen Zucker auch Gewürtzt/ als: Zimmet/ Cardemomen/ Mußkaten/ und dergleichen/ nach eigenem belieben/ rühre es wohl unter einander / und thue dazu ein ganz Ey/ und von einem das weiße/ so aber zuvor wohl zerklopffet werden muß/ denn streiche diesen Teig auf Oblaten so groß du wilt/ und backe ihn ab/ bestreiche ihn mit einem aufgesprungenen Marzipan-spiegel/und laß ihn trucken werden.

16. Mackaronen.

Stoffet ein Pfund Mandeln ab / wie zu einen Mandel-Dorten/ klopffet hernach von vier Epern das Weiße / biß es gar dick wird; rühret fünff Achtel-Pfund Zucker unter das Weiße vom Ey/ alsdann auch die Mandeln/ leget sie auf ein Oblat/ und lasset selbige bachen: Wer will/kan auch Gewürtz/als Zimmet/Cardamomen und Muscatnus/darunter rühren.

17. Mackaronen / auf andere Art.

Nehmet ein Pfund abgeriebener Mandeln/ ein halb Pfund Zucker/zerklopffet von zwölff Epern das Weiße/zuckert es/mischet beedes unter einander/setzet solche auf eine doppelte Oblat / formiret sie/nach Belieben/zu Mackaronen; setzet sie in das Oefelein/und lasset selbige bachen.

18. Mackaronen/ noch anderst.

Ruhret unter ein Viertel-Pfund geriebener Mandeln / einen halben Vierding oder Achtel-Pfund gestoßenen Zucker/würtzet sie mit Zimmet/Cardamomen/und Muscaten-Nüß/leget solche auf Oblaten ; machet mit einem Messer-Rucken länglichte Schnitten daraus/ bachet sie in einer gähen Hitz/ schön gelb-licht/ und verguldet die Schnitten.

Herstellen der Eischneemasse

». . . Rühre Schnee und Zucker zuvor recht pflaumig ab . . .« empfiehlt
die unbekannte Verfasserin eines handgeschriebenen Kochbuchs von
1862, und diesen Rat geben wir gerne an die Leser von heute weiter. Da
das Gelingen von Baisers und Makronen entscheidend von der Festigkeit
der Schneemasse abhängt, soll man nicht gerade beim Schlagen des
Eischnees Zeit sparen wollen!
Grundsätzlich sind zwei Arbeitsweisen möglich: Bei der ersten Methode
wird die Masse kalt hergestellt, d. h. unter den schnittfest geschlagenen
Eischnee wird löffelweise der Zucker geschlagen, bis die Masse glänzt
und sich schlängelt und dann nach Rezept weiterverarbeitet werden
kann. Bei der zweiten Methode wird der Eischnee mit dem Zucker über
Dampf oder im heißen Wasserbad, aber im übrigen wie oben beschrieben,
zu einer sehr dicken, glänzenden Schaummasse geschlagen. Dann schlägt
man kalt weiter und hebt die übrigen Zutaten zügig unter. Diese Art mag
ein wenig umständlicher erscheinen, ergibt aber einen feinporigeren und
standfesteren Eiweißteig. In den alten Rezepten wird sie jedoch selten
gefordert.

Spanische Winde

Gerade weil sie so einfach sind, findet man sie in fast jeder alten
Rezeptsammlung (so wie hier in einem Nürnberger Kochbuch von 1841),
und deshalb soll das klassische Baiser-Gebäck auch hier nicht fehlen).

3 Eiweiß, 175 g Puderzucker, Saft einer Zitrone,
runde Backoblaten.

»Man schlägt von 3 Eiweiß einen steifen Schnee, stößt den Zucker recht
fein (Puderzucker!), rührt selben auch unter den Schnee, schlägt es
zusammen ab, und gibt auch den Saft einer Zitrone dazu. Wenn alles gut
abgeschlagen ist, so macht man kleine Häufchen auf Oblaten und trocknet sie langsam in einem Ofen«. Sie werden 60 Minuten bei 100–120° C
gebacken.

Zitronenbögen oder Zitronenspäne

Sie werden mit derselben Masse wie die Spanischen Winde hergestellt, unter die nur noch Zitronenzucker zu mischen ist. Dazu reibt man mit einem Zuckerhut oder Würfelzucker das Gelbe einer ungespritzten Zitrone ab und schabt den gefärbten Zucker an die Schneemasse. Anschließend werden Oblaten in »2 Finger-breite und 4 Finger-lange Streifgen« geschnitten, auf die die Masse gestrichen und wie oben gebacken wird. Die fertigen Zitronenspäne können warm gebogen werden.

Mandelbögen, die edelsten der Makronen, fehlen seit dem 17. Jahrhundert auf keinem Gebäckteller. Die feinen Zutaten, die leichte Herstellungsweise und die hübsche Form haben sie wohl so beliebt werden lassen, daß sie in ungezählten Variationen in fast allen alten Kochbüchern auftauchen. Dabei werden unterschiedliche Methoden empfohlen, um ihnen die typische Bogenform zu verleihen. Entweder soll man sie zum Backen über erwärmte Bogenbleche legen oder nach dem Backen zum Wellholz greifen: ». . . und biege es über den Walger.« In die Zeit vor der Erfindung der Tortenpfanne (siehe Seite 79) fällt wohl folgende zeitraubende Anweisung, die kaum mehr Nachahmer finden wird:

. . . Hiernächst schneide Oblate in Streifgen, streiche von der Masse etwas darauf und halte sie auf einer Gabel über Kohlenfeuer, wo sie sogleich trocknen werden. Du mußt aber nie eine Oblatenstreife eher mit Masse bestreichen, als bis sie gebacken werden soll, sonst wird sie zu weich und zerreißt; daher du auch dabey geschwind verfahren mußt.

Mandelbögen der Marie Schandri (1884)

3 Eiweiß, 100 g Zucker, 70 g abgezogene, feingewiegte
Mandeln, abgeriebene Schale einer Zitrone,
40 g abgezogene, gestiftelte Mandeln, 1 gehäufter Eßlöffel
Stärkemehl; rechteckige Backoblaten.

Der Eischnee wird mit Zucker, feingewiegten Mandeln und Zitronenschale »eine Viertelstunde« gerührt. Zuletzt werden die gestiftelten Mandeln mit dem Stärkemehl unter die Masse gehoben, die dann messerrückendick auf Oblatenblätter gestrichen und gebacken wird. Nach der halben Backzeit schneidet man die Blätter in Streifen und läßt sie fertig backen. Die fertigen Streifen biegt man über einem Holz in Form.

Mandelspäne

Diese Magdeburgische Variante der Makronen bietet sich zur Verwendung übriggebliebener Eigelb an.

> 250 g ungeschälte Mandeln, etwas Zimtwasser,
> 125 g feingestoßener Zucker (Puderzucker), 4–5 Eigelb;
> Backoblaten.

Man stößt die Mandeln mit etwas Zimtwasser im Mörser fein (ebenso gut kann man sie fein reiben und mit Zimtwasser befeuchten), rührt den Zucker und die Eigelb dazu, bis eine dickliche Masse entsteht. Diese wird auf zweifingerbreite Oblaten gestrichen, mit Zucker überstreut, vorsichtig gebacken und noch warm gebogen.

Für den Fall, daß keine Eireste zu verwerten sind, findet sich im selben Kochbuch ein Rezept mit ganzen Eiern:

Mandelspäne andere Art

> 125 g Mandeln, etwas Rosen- oder Zimtwasser,
> 250 g Puderzucker, 6 Eier, Zimtöl; rechteckige
> Backoblaten.

Wie oben stößt man die Mandeln mit etwas Rosen- oder Zimtwasser fein und rührt dann nach und nach den Zucker und die Eier dazu, »bis die Masse recht klar (= glatt) ist.« Danach gibt man einige Tropfen Zimtöl

dazu und rührt die Masse nochmals gut durch. Man streicht sie dünn auf Oblatenstreifen, backt sie »aber ja behutsam, damit sie nicht verbrennen«, und biegt die fertigen Mandelspäne krumm.

Krause Jägerschnitten

Diese Abwandlung stammt aus dem Schwäbischen, war in ähnlicher Form aber überregional gebräuchlich:

> 3 Eiweiß, 250 g feiner Zucker, 250 g geschälte,
> grobgemahlene Mandeln, etwas Rosenwasser,
> 50 g Pistazien; Backoblaten.

Man rührt Eiweiß und Zucker über Dampf zu einer festen, glänzenden Masse, unter die man anschließend die mit etwas Rosenwasser befeuchteten Mandeln mischt. Man schneidet Oblatenstreifen zurecht, streicht die Masse gleichmäßig dünn auf und bestreut sie mit kleingehackten Pistazien. Die Schnitten werden bei schwacher Hitze gebacken und nach Belieben geformt.

Gefüllte Mandelbögen

> 3 Eiweiß, 200 g Zucker, 200 g geschälte, gestiftelte
> Mandeln, Saft einer halben Zitrone, kleingeschnittene
> Schale einer halben Zitrone; Marillenmarmelade (österr.
> für Aprikosenmarmelade) zum Bestreichen; rechteckige
> Oblaten.

Man rührt die Eiweiß mit Zucker, Zitronensaft und -schalen zu einer sehr steifen Masse, unter die die Mandeln gehoben werden. Man streicht davon eine dünne Schicht auf Oblatenstreifen, überzieht diese mit Marmelade und gibt nochmals eine Schicht Schneemasse darauf. Sie müssen bei mäßiger Hitze mehr trocknen als backen und werden anschließend zu Bögen geformt.

Verschiedenfarbige Mandelbögen

Dies ist eine besonders hübsche Abwandlung des sonst stets vornehm blassen Gebäcks.

6 Eiweiß, 280 g Zucker, 280 g geschälte, geriebene
Mandeln; zum Färben: »Pomeranzenzucker« – Herstellung
wie im Rezept Zitronenspäne (Seite 64) beschrieben –,
etwas Sauerkirsch- oder Johannisbeersaft, etwas Kakao
oder geriebene Schokolade, 40 g feingewiegte Pistazien;
rechteckige Backoblaten.

Man schlägt die Eiweiß mit dem Zucker zu einer festen Masse und rührt anschließend die Mandeln dazu. Die Masse ist nun in fünf Teile zu teilen, wovon vier gefärbt werden: der erste mit »Pomeranzenzucker«, der zweite mit dem Sauerkirsch- oder Johannisbeersaft, der dritte mit Schokolade oder Kakao und der vierte mit den Pistazien. Man streicht die Mischungen, jede für sich, dünn auf Oblatenstreifen, die vorsichtig gebacken werden und anschließend rund zu biegen sind.

Mandelbauernkrapfen

Diese waren, wie der Name sagt, die »rustikale Variante« der Makronen und sind so und ähnlich in vielen Kochbüchern zu finden.

2 ganze Eier, 3 Eigelb, 280 g Zucker, feingeschnittene
Schale einer Zitrone, 140 g abgezogene, feingeschnittene
Mandeln, 200 g Mehl; zum Bestreuen: gehackte Mandeln;
rechteckige Backoblaten.

Man rührt die Eier mit den Eigelb und dem Zucker »eine Stunde lang«, wie es die Autorin der »Süddeutschen Küche« vorschreibt, zu einer schaumigen Masse, hebt dann Zitronenschale, Mandeln und Mehl darunter, streicht die Masse auf Oblatenstreifen, bestreut sie mit Mandeln und backt sie, um sie, wie immer vorsichtig, danach rund zu biegen.

Mandelkarten

Hierzu wird die obige Masse auf spielkartengroße Oblaten gestrichen, die mit geschälten, halbierten Mandeln zu belegen sind.

Mandellaibchen

Hier haben wir es mit einer echt bayerischen Variante der Mandelmakronen zu tun. Wir zitieren aus dem berühmten »Regensburger Kochbuch«:

3 Eiweiß, 150 g Puderzucker, 150 g abgezogene,
feingestoßene – bzw. geriebene – Mandeln (darunter einige
bittere); runde Backoblaten.

Das Eiweiß wird mit dem Zucker über Dampf oder im Wasserbad zu einer dicken, zähen Masse gerührt. Sodann gibt man die geriebenen Mandeln dazu und verrührt nochmals gut. »Die Masse muß gerade so fest wie ein Knödelteig sein.« Man formt kleine Knödel und legt sie auf ein mit Backoblaten belegtes Blech. »Dann macht man zwei Finger naß, drückt jeden Knödel ein wenig platt und bestreut ihn sogleich mit feingestoßenem Zucker.« Die Mandellaibchen werden 30 Minuten bei anfangs mäßiger, später stärkerer Hitze gebacken.

Mandoletti

2 Eiweiß, 280 g Zucker, 70 g abgezogene, gestiftelte
Mandeln, 100 g geschälte und blättrig geschnittene
Haselnüsse, feingeschnittene Schale einer Zitrone;
rechteckige Backoblaten.

Man schlägt das Eiweiß steif und rührt nach und nach Zucker, Mandeln, Haselnüsse und Zitronenschalen dazu. Die Masse wird fingerdick auf Oblatenstreifen gestrichen, mit weiteren Oblatenstreifen belegt und nur kurz gebacken, da dieses Gebäck weich bleiben soll.

Muskazinerln

2 Eiweiß, 250 g Zucker, 250 g ungeschälte, feingemahlene
Mandeln, 1 Eßlöffel feingewiegtes Zitronat,
je ½ Teelöffel gemahlener Zimt, Nelken und Muskatnuß,
40 g Mehl; runde oder rechteckige
Backoblaten.

Der Eischnee wird mit dem Zucker gut gerührt (»eine Viertelstunde
lang«). Dann mengt man die übrigen Zutaten nach und nach darunter
und verarbeitet sie zu einem festen Teig, den man auf dem Brett dünn
auswellt. Man sticht kleine Formen aus, die auf Oblaten gelegt und
gebacken werden.

Ordensstern

Diese Erfindung aus der säbelklirrenden k.- und k.-Zeit wird sich auch
heute noch mancher gern an die Brust heften lassen:

3 Eiweiß, 280 g Zucker, 280 g geschälte, geriebene
Mandeln, kleingeschnittene Schale einer ganzen und
Saft einer halben Zitrone; zum Belegen: rote kandierte
Früchte, z. B. Kirschen; rechteckige Backoblaten.

Man rührt das Eiweiß mit dem Zucker »zu einem weißen, steifen Eise«
und verrührt die Masse gut mit den restlichen Zutaten. Dann schneidet
man mit der Schere Sternformen aus Oblaten aus, die zweimesserrücken-
dick bestrichen werden. Dabei spart man die Mitte des Sterns aus und
belegt diese mit einer kandierten Kirsche oder einer anderen roten Frucht.
Die Ordenssterne werden bei schwacher Hitze lichtgelb gebacken.

*Aber nicht nur mit Mandelkernen kann man wohlschmeckende Makro-
nen bereiten, auch alle anderen Arten von Nüssen kommen in dem zarten
Gebäck gut zur Geltung. Die drei folgenden Beispiele sollen für viele
andere stehen:*

Haselnußkonfekt

4 Eiweiß, 200 g Puderzucker, 175 g feingeriebene
Haselnüsse, davon evtl. 75 g durch Mandeln ersetzen;
runde Backoblaten.

Man schlägt das Eiweiß mit dem Zucker zu schnittfestem Schnee und
rührt anschließend die Nüsse dazu. Mit zwei Löffeln werden von der
Masse kleine Häufchen auf Backoblaten gesetzt, die man jeweils mit
einem Haselnußkern verziert. Die Verfasserin des 200 Jahre alten Originalrezepts lobt: »Die Nüsse haben einen sehr angenehmen Geschmack.«

Walnußbauernkrapfen

3 ganze Eier, 3 Eigelb, 250 g Zucker, 250 g nicht zu fein
gehackte Walnüsse, 250 g sehr feines Mehl, je ½ Teelöffel
geriebene Muskatnuß und gemahlener Zimt, abgeriebene
Schale einer halben Zitrone; Walnußviertel zum Verzieren;
runde Backoblaten.

Für diese besonders kräftig schmeckenden Makronen, die man sehr gut
auch zu einem Glas Wein reichen kann, verrührt man zuerst Eier und
Eigelb und schlägt sie dann mit dem Zucker sehr gut ab (eine Stunde lang
wird im Originalrezept empfohlen). Mit dieser Schaummasse vermengt
man nach und nach die Nüsse, das Mehl und die Gewürze, »... rühre
alles hinein, mache runde Platzl auf ein Oblat, back es schön kühl, so ist es
fertig, trücke Nüsse darauf«.

Pignolischnitten

Pinienkerne waren im 19. Jahrhundert wohl eine eher gängige Backzutat,
denn man findet sie immer wieder in alten Kochbüchern. Obwohl sie
heute bei uns rar und daher nicht billig sind, kann man dieses originelle
Rezept zur Nachahmung empfehlen:

4 Eiweiß, 4 Eischwer Zucker (das Gewicht der ganzen
Eier), 100 g gestiftelte Mandeln, 100 g Pignoli (Pinienkerne);
Aprikosenmarmelade zum Bestreichen; rechteckige
Backoblaten.

Man stellt im Wasserbad oder über Dampf eine Baisermasse aus Eiweiß
und Zucker her, die man in zwei Teile teilt. Die eine Hälfte vermischt man
mit den Mandeln, die andere mit den Pinienkernen. Die Mandelmasse
wird auf rechteckige Oblaten (in Spielkartengröße geschnitten) gestrichen, aufs Blech gelegt und eine Viertelstunde bei mäßiger Hitze gebak-
ken. Dann dreht man die Schnitten um, bestreicht sie mit Aprikosenmarmelade und darüber mit der Pignolimasse. Nun werden sie fertigge-
backen.

*Immer wieder wird in alten Rezepten vorgeschlagen, den knusprigen
Makronen einen saftigen, fruchtigen Kern zu geben. Hier also drei alte
Vorschläge zum Füllen von Makronen:*

Früchtekrapferl

4 Eiweiß, 210 g Zucker, 140 g abgezogene, gehobelte
Mandeln, 30 g gestiftelte Pistazien, 70 g ganze Pignolen
(Pinienkerne), 50 g nudelig geschnittenes Zitronat (darunter
evtl. auch etwas Zitronenschale); zum Füllen: Konfitüre;
runde Backoblaten.

Das Eiweiß ist mit dem Zucker im Wasserbad oder über Dampf zu einer
sehr steifen Masse zu schlagen, die anschließend mit den übrigen Zutaten
leicht vermengt wird. Man setzt davon Häufchen auf Oblaten und gibt
auf jedes einen Klecks Konfitüre. Die Krapferl werden bei schwacher
Hitze gebacken.

Überzogene Himbeerplätzchen

1 Eiweiß, 100 g feiner Zucker, etwas abgeriebene
Zitronenschale, 1 gehäufter Teelöffel feines Mehl; zum
Füllen: Himbeermarmelade oder eingemachte Himbeeren,
evtl. auch frische; runde Backoblaten.

Man schlägt den festen Eischnee mit dem Zucker und der Zitronenschale
zu einer glänzenden Baisermasse. Runde Backoblaten werden mit Himbeermarmelade bestrichen bzw. mit Himbeeren belegt (auch anderes
weiches Obst oder eine beliebige Marmelade ist denkbar). Nun streicht
man die gerührte Masse darüber und bäckt sie hellgelb.

Rauchfangkehrer

5 Eiweiß, 250 g Puderzucker, 80 g geriebene Schokolade,
Dörrpflaumen, abgezogene Mandeln; runde Backoblaten.

Man entsteint die Dörrpflaumen, halbiert sie, füllt jede Hälfte mit einer
abgezogenen Mandel und belegt damit runde Backoblaten. Anschließend
schlägt man Eiweiß und Zucker zu einer festen Masse, die mit der
Schokolade vermischt wird und zuletzt mit dem Spritzbeutel spiralig über
die Pflaumen verteilt wird. Auch die »Rauchfangkehrer« sind bei schwacher Hitze vorsichtig zu backen.

*Die folgenden Rezepte gehören zu der großen Gruppe von Fruchtmakro-
nen, von denen jedes alte Kochbuch phantasievolle Beispiele gibt. Diese
hier stellen die gängigsten dar.*

Quittenschaum

Die Quitten, die man bei uns nur noch selten antrifft, waren in der alten
Küche sehr beliebte Früchte. Mit ihrem feinen, weinartigen Aroma, der
ausgezeichneten Gelierfähigkeit und dem ihnen immer zugesprochenen

hohen Gesundheitswert boten sie sich zur vielseitigen Verwendung an. Sollte man die Quitten nicht im Handel angeboten finden, lohnt es sich, auf Spaziergängen nach einem Baum mit den zitronengelben Früchten Ausschau zu halten, dessen Besitzer man dann vielleicht um einige der heute sehr unterschätzten Früchte bitten kann.

250 g Quittenmark – dazu werden die geschälten und
vom Kernhaus befreiten Quitten gedünstet, püriert und
durch ein Sieb gestrichen –, 250 g feiner Zucker,
abgeriebene Schale einer halben Zitrone, 2 Eiweiß;
runde Backoblaten.

Nach Anweisung dieses Nürnberger Rezepts von 1841 soll zunächst das Quittenmark mit dem Zucker und der Zitronenschale gut verrührt werden. Dann gebe man den fest geschlagenen Eischnee dazu »und rühre alles eine halbe Stunde lang auf eine Seite« (mit dem elektrischen Rührgerät geht das natürlich um einiges schneller). Man setzt von der Masse kleine Häufchen auf Oblaten, gibt sie in den Ofen und läßt sie langsam bei mäßiger Hitze backen.

Quittenberg

Dieses Baiser ist eine feine Nachspeise, die früher gern an Einkochtagen hergestellt wurde, um Reste von Fruchtmark zu verarbeiten.

Mark von etwa 6 Quitten – Herstellung wie oben –,
70 g Zucker, 1 Messerspitze gemahlene Nelken,
abgeriebene Schale einer halben Zitrone, 6 Eiweiß;
Obstkuchenoblaten.

Man stellt zuerst aus Quittenmark, Zucker und Gewürzen eine Schaummasse her, schlägt dann das Eiweiß zu festem Schnee und vermengt beides. Nun legt man eine Springform mit Oblaten aus, richtet den Teig bergartig darauf an, backt ihn bei mäßiger Hitze und serviert ihn dann sofort.

Sanddornmakronen

4 Eiweiß, 250 g Puderzucker, 250 g frisch geriebene
Kokosnuß, 1 Messerspitze gemahlene Nelken, 3 Eßlöffel
dick eingekochter Sanddornsaft; runde Backoblaten.

Man rührt das Eiweiß und den Zucker am besten über Wasserdampf zu
sehr dickem Schaum, mit dem man dann die Kokosraspeln, die Gewürz-
nelken und den Sanddornsaft vermengt. Wie immer setzt man kleine
Häufchen dieser Masse auf runde Backoblaten. (An anderer Stelle findet
man den Vorschlag, von der Eiweiß-Zucker-Schaummasse einige Löffel
zurückzubehalten, um die Makrönchen vor dem Backen mit kleinen
weißen Klecksen zu verzieren, die man noch mit einem Mandelsplitter
belegen kann.) Bei schwacher Hitze langsam backen.

Hägenmakronen

4 Eiweiß, 250 g Puderzucker, 250 g geschälte, geriebene
Mandeln, 3 Eßlöffel Hagebuttenmark, eine Messerspitze
Zimt, Mark einer halben (weichgeklopften) Vanillestange;
runde Backoblaten.

Wie im vorigen Rezept angegeben, wird aus den genannten Zutaten eine
feste Makronenmasse hergestellt, von der man kleine Häufchen auf
Oblaten setzt. Sie sind wie immer vorsichtig zu backen.

Pfirsichschäumchen

2 Eiweiß, 200 g Puderzucker, 4 pürierte Kompottpfirsiche,
weiteren Puderzucker nach Bedarf, evtl. etwas
Pfirsichmarmelade; runde Backoblaten.

Das Eiweiß wird mit dem Puderzucker wie für eine Glasur fest verarbeitet. Diese Masse wird mit dem Pfirsichmark gut verrührt, und, wenn

nötig, mit so viel weiterem Puderzucker vermischt, bis die Masse standfest ist. Man verteilt kleine Häufchen auf Backoblaten, die mit etwas Pfirsichmarmelade verziert werden können.

Die große Menge der Gewürzmakronen soll schließlich durch die folgenden Makronenvariationen vertreten werden:

»Zimmetbrot«

3 Eiweiß, 250 g feiner Zucker,
250 g ungeschälte, geriebene Mandeln, 1 Teelöffel Zimt;
runde Backoblaten.

Bei diesem Rezept aus dem bewährten Kochbuch der Friederike Löffler (hier eine Ausgabe von 1795) verfährt man ebenso, wie z. B. bei »Sanddornmakronen« (Seite 74) angegeben. Die Makronen sollen in nicht zu heißem Ofen lichtgelb gebacken werden. Zuvor kann man sie noch mit Zucker besieben.

Anisschatten

2 Eiweiß, 150 g Puderzucker, 50 g Stärkemehl; zum
Bestreuen: 50 g geschälte, gestiftelte Mandeln,
35 g feingeschnittene Pistazien, 35 g in feine Streifen
geschnittenes Zitronat, ebenso geschnittene dünn
abgeschälte Zitronenschale, 1 Teelöffel feingewiegter Anis;
rechteckige Backoblaten.

Man verrührt den Puderzucker mit dem schnittfest geschlagenen Eiweiß zu einer festen Masse, unter die noch das Stärkemehl gezogen wird. Diese Masse wird messerrückendick auf quadratisch zugeschnittene Backoblaten gestrichen. Man vermischt Mandeln, Pistazien, Zitronat und Anis und bestreut damit die bestrichenen Oblaten. Die Anisschatten werden in nicht zu heißem Ofen hellgelb gebacken.

Pomeranzenbusserln

2 Eiweiß, 140 g Zucker, abgeriebene Schale und Saft einer
Orange, 140 g geschälte, feingeriebene Mandeln; runde
Backoblaten.

Der Zucker wird zuvor mit dem Eiweiß, der Orangenschale und dem
Orangensaft verrührt, und, nachdem er sich aufgelöst hat, bis zum
Spinnen gekocht. Nun rührt man die Mandeln dazu, bis eine dicke Masse
entsteht. Von dieser setzt man kleine Häufchen auf Oblaten, die bei
mäßiger Hitze mehr getrocknet als gebacken werden.

*Alle diese Späne und Bögen, Krapfen und Busserl erfreuen nicht nur den
Gaumen, sondern ganz besonders auch das Auge, weshalb sie auch auf
kaum einem Gebäckteller fehlen. In alten Kochbüchern lesen wir, daß sie
schon in früherer Zeit eine zentrale Rolle bei der Tischdekoration einnah-
men: Aus der Tradition der opulenten »Schauessen« der Barockzeit
entstand die im 18. und 19. Jahrhundert besonders ausgeprägte Vorliebe
für aufwendige und später oft überladene Tischaufbauten, die aus Marzipan, Zucker und dem dafür besonders geeigneten Tragantteig gefertigt
wurden. Die Sujets dieser »pièces montées«, wie man diese mehr oder
weniger künstlerischen Konditorarbeiten nannte, richteten sich nach dem
Anlaß des Festmahls und natürlich nach den finanziellen Möglichkeiten
des Gastgebers.*

*Alle diese Bildhauerarbeiten oder Architekturkonstruktionen aus Zuk-
kerzeug (daher übrigens der »Zuckerbäckerstil«) sollten also nicht nur
des Konditors, sondern auch des Auftraggebers Ansehen heben. Neben
figürlichen Arbeiten (man ließ da die gesamte griechisch-römische Göt-
terwelt in Zucker und Tragant gemeißelt auffahren) waren besonders
Aufbauten in Form von Säulentempeln, Füllhörnern und Vasen beliebt,
die mit Gebäckstücken verschiedenster Art, allen voran Makronen und
Baisers, geschmückt waren.*

*In der »Anweisung in der feineren Kochkunst« von J. Rottenhöfer, dem
Mundkoch Maximilians II. von Bayern, sind eine ganze Reihe »große(r)
Stücke der Kunstbäckerei« aufgeführt und abgebildet, die für unser Auge
über die Maßen pompös wirken und doch für damalige Verhältnisse eher*

einfache Beispiele darstellen. Die oben abgebildete (eßbare) Kunstbäckerei stellt eine aus hartem Zuckerteig mit Hilfe von Tragantkitt modellierte
Vase dar, die mit weißem und blaßrotem Hagelzucker bestreut war. Um
den Sockel sind Tarteletten gelegt, die mit Marmelade gefüllt und mit
Glasur überzogen wurden. Die mittlere Etage zieren kleine Nougat-
Stückchen mit Erdbeeren und Sahne, die oberste Reihe des Sockels ist mit
pyramidenartig aufeinandergesetzten Meringen oder Baisers gefüllt, von
denen je zwei mit Marmelade oder einer anderen Fülle zusammengeklebt
wurden.
Diese »pièce montée« hat für uns freilich nur mehr Kuriositätswert – aber
von einem anderen Serviervorschlag desselben Autors dürfen wir uns

77

getrost anregen lassen. Im Anschluß an sein Rezept für Mandelbögen rät er: »Sie werden über eine zierlich zusammengelegte Serviette angerichtet und mit geschlagenem Rahm, mit Vanillezucker gesüßt, zu Tisch gegeben.« Warum sollte man nicht ebenfalls die hübschen Ergebnisse des Backens mit Oblaten (die »verschiedenfarbigen Mandelbögen« von Seite 67 bieten sich z. B. dazu an) auf solche oder ähnliche Weise wirkungsvoll ins Bild setzen und so seine Gäste zum Dessert oder der Nachmittagseinladung mit einer kleinen »pièce montée« überraschen?

Aber auch schlichten Eis- oder Cremespeisen kann man mit Makronen oder Baisers einen besonderen Akzent geben. Ebenso einfach wie attraktiv ist folgende Möglichkeit: Man schneidet lange, dünne Oblatenstreifen zu und bereitet eine Baisersmasse wie für »Quittenschaum« (Seite 72), die mit dem Spritzsack oder der Tortenspritze spiralig oder in eng aneinandergesetzten dicken Tupfen aufgespritzt wird. Man trocknet sie in lauem Rohr, damit sie ihre weiße Farbe behalten. Diese dekorativen »Quittenstangen« passen zu vielen Desserts und können, wenn man sie nach dem Trocknen verschlossen aufbewahrt, für mehrere Wochen auf Vorrat hergestellt werden. Nach dieser Art lassen sich viele der angegebenen Rezepte abwandeln und mit wenigen Zutaten (z. B. Früchten, Sahne oder Eis) zu phantasievollen Kreationen kombinieren.

Die Tortenpfanne

Vom Backen ohne Backofen

Die in diesem Buch vorgestellten Backrezepte können nur eine Andeutung geben von der Vielzahl der Gebäcksorten, die sich in alten Kochbüchern finden lassen und die allesamt mit Hilfe von Oblaten hergestellt werden. Der backhistorisch interessierte Leser wird sich, da er einen Überblick über die verschiedenen Oblaten-bäckereien gewonnen hat, fragen, ob die Oblate in der häuslichen Bäckerei tatsächlich eine so wichtige Rolle spielt oder ob die vom Thema mitgerissene Autorin nicht ein nebensächliches Detail zum Mittelpunkt der Backgeschichte erhebt? Wie und was wurde denn in früheren Jahrhunderten sonst noch gebacken?

Daß die Hausfrau der »guten alten Zeit« sich mit viel einfacheren Mitteln behelfen mußte und das Backen eine langwierige und kraftraubende Tätigkeit war, lesen wir in den Rezepten: Da mußte von den Gewürzen über Nüsse und Mandeln bis zum Zucker (vom Zuckerhut) mühsam alles im Mörser zerstoßen werden, und das Rühren der Teige hatte oft ganze Stunden zu dauern oder, da in der Küche wohl kaum eine Uhr zur Hand war, viele Vaterunser oder etliche Rosenkränze lang – diese Zeitmaße werden vor allem in den besonders praxisorientierten handgeschriebenen Kochbüchern genannt. Denkt man an die vielen anderen Arbeiten, für die die Hausfrau sonst noch zuständig war, erkennt man, daß Kochen und Backen in jenen Tagen die reinste Schwerarbeit war.
Obwohl also die Tätigkeit in der Küche viele Stunden des Tages in Anspruch nahm, war die Einrichtung einer Küche eher karg: Holzschnitte und Kupferstiche, wie wir sie gelegentlich als Illustra-

tion in alten Kochbüchern finden, führen uns die Ausstattung der historischen Küche in malerischen Einzelheiten vor Augen. Wenn auch die Küche eines vornehmen Patrizierhauses natürlich viel nobler aussieht als etwa die einfacher Bauern, so spiegelt sich der Reichtum eher in der vornehmen Architektur, der Größe und Höhe der Räumlichkeiten und der Kostbarkeit der Gerätschaften wieder; die Grundausstattung bleibt jedoch meist konstant: Da ist einmal der Herd – bis ins 18. Jahrhundert noch häufig mit offenem Feuer –, dann ein Arbeitstisch und schließlich, den alten Stichen zufolge dekorativ über Wände und Boden verteilt, die Kochgeschirre und die wichtigsten Vorräte. Was auch sonst darüberhinaus vorhanden war – einen Backofen sucht man vergebens.

Wir erinnern uns, daß das Brot ja außer Haus, in eigenen oder der Dorfgemeinschaft gehörenden Backhäusern gebacken wurde, die man nur an bestimmten Tagen anheizte. War das Brot fertig gebacken, nutzte man die verbliebene Wärme, um anschließend Pasteten oder große Kuchen zu garen, die zweckmäßig immer am Brotbacktag hergestellt wurden. In alten Kochbüchern ist eine Fülle solcher Kuchen- und Pastetenrezepte überliefert, die jedoch zum überwiegenden Teil mit Fisch, Fleisch oder Geflügel gefüllt sind; süße Kuchen bilden eine Ausnahme. Das Nürnberger Kochbuch von 1702 führt in seinem sehr ausführlichen Pastetenkapitel sechzig Rezepte von der Auerhahn- bis zur Stockfischpastete an, aber nur die beiden letzten Rezepte stellen süße Kuchen dar. Vielleicht wollte man die wertvolle Ofenhitze nicht an Zuckerbäckereien, die ja Luxus waren, verschwenden. Und Backen in der häuslichen Küche war ja vorerst noch unmöglich.

Außer den wenigen süßen Pasteten sind uns aus ältester Zeit nur Rezepte für Schmalzgebackenes überliefert; denn dazu benötigte man keinen Backofen, sondern nur den Topf über dem Feuer. Schon damals aß man die in Fett gebackenen Küchlein jedoch fast ausschließlich während der kalten Jahreszeit. Besondere Tradition hatten sie in der Fasnacht (vom schmalzigen, im alten Sprachge-

brauch »schmutzigen« Backwerk hat der Donnerstag vor dem Rosenmontag, der in manchen Gegenden schmutziger Donnerstag genannt wird, seinen Namen). Für die übrige Zeit des Jahres mußte man sich etwas anderes einfallen lassen: Man versuchte es mit dünnen Fladenkuchen, die man auf Blechen über dem Herdfeuer buk, ohne jedoch zu befriedigenden Ergebnissen zu kommen. Oder man strich dünne Eiweißteige oder glasurartige Zuckermassen auf Oblaten, die dann nur in Ofennähe zu trocknen waren. Aber auch für diese Methoden waren die Anwendungsmöglichkeiten äußerst beschränkt.

Da machte plötzlich eine Erfindung von sich reden, die das häusliche Backen revolutionieren sollte und ohne die die meisten der in diesem Kochbuch gesammelten Rezepte wohl nie entstanden wären: die *Tortenpfanne*. Sie scheint von einem Zeitgenossen G. Ryffs entwickelt worden zu sein, denn dieser bildet sie – offensichtlich als Neuheit – gleich in vier aufeinanderfolgenden Publikationen mit immer demselben Holzschnitt ab und beschreibt ausführlich Aussehen und Anwendungsweise.

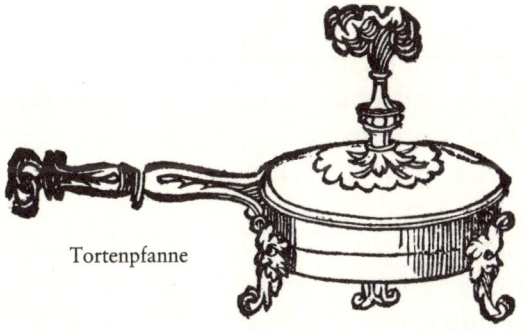

Tortenpfanne

Wie die Abbildung zeigt, war die Deckelpfanne mit drei Beinen versehen, so daß man sie auf bzw. in die Glut stellen konnte, ohne daß das Backgut gleich verbrannte. Die Mitte des Deckels krönte ein kleiner Schlot, durch den der heiße Dampf abziehen sollte, damit das Gebäck knusprig blieb. Wenn Oberhitze nötig war, mußte man dann nur ausreichend Glut auf dem Deckel verteilen. Der Pfannenstiel war lang genug, und, wie das Bild zeigt, aus zwei Teilen zusammengesetzt, sodaß man, ohne sich die Finger zu verbrennen, bequem damit hantieren konnte. Der Ring am Stielende deutet an, daß das edle Gerät, wenn es nicht gerade im Gebrauch war, als Prunkstück an der Wand hing.

Die Tortenpfanne, der Backofen im Kleinformat, erlangte schnell allgemeine Beliebtheit. Da es nun auf einmal möglich war, in der Glut des Küchenherds Kuchen herzustellen, entstanden bald unzählige Backrezepte, die auf die »Dartenpfanne«, wie sie auch genannt wird, zugeschnitten waren. Da sich leichte, z. B. auf Eiweißbasis hergestellte Teige, die nur wenig Hitze brauchten, besonders gut eigneten, ist der Siegeszug, den um diese Zeit die Marzipan- und Makronenbäckerei antrat, ganz sicher auf die Einführung der Tortenpfanne zurückzuführen. Natürlich blieb es nicht bei dem von Ryff geschilderten »Prototyp«. Die Pfanne wurde mit der Zeit größer und höher und die Anwendungsmöglichkeiten damit vielfältiger. Nun konnte man Model aus Ton oder Metall in die Tortenpfanne legen und Formgebäcke herstellen.

Mit dem Aufkommen der in die Herde eingebauten Backöfen geriet die Tortenpfanne in Vergessenheit, nicht aber die vielen Rezepte, die sie populär machte – von einer Ausnahme abgesehen: Die fladenähnlichen Kuchen aus Makronen-, Marzipan- oder Biskuitmasse, häufig mit Obst belegt und damit Vorläufer unserer Obstkuchen, die natürlich alle eine in Tortengröße zugeschnittene Oblate als Unterlage hatten und die als Mandel- oder Makronentorten weithin berühmt waren, findet man in keinem modernen Backbuch mehr. Gibt es doch heute längst andere Methoden, Torten herzustellen!

Die im folgenden vorgestellten historischen »Torten aus der Pfanne« haben aber keineswegs nur Kuriositätswert. Vielmehr bieten sich die Rezepte ganz besonders zur praktischen Erprobung an. Statt einer Tortenpfanne nehmen wir eine gewöhnliche Springform, die wir mit Oblaten auslegen. Dabei müssen wir sie nicht mehr mittels einer Schüssel kreisrund zuschneiden, wie uns in einem alten Kochbuch geraten wird, da uns der Handel heute Oblaten in Tortengröße (als Obstkuchen-Oblaten) anbietet. Die Teigmasse ist meist sehr schnell gerührt und der Kuchen so schnell fertig, daß man die Oblatentorten auch Zauberkuchen nennen könnte. Und der Phantasie des Bäckers sind keine Grenzen gesetzt beim »Verzaubern« anderer Zutaten, da sich diese Rezepte besonders gut zum Abwandeln eignen.

Zuletzt seien dem Leser, ehe er zur Backschüssel eilt, noch zwei Tips verraten: Die kluge Verfasserin eines handgeschriebenen Kochbuchs von etwa 1845 gibt uns den Hinweis, die Oblaten doppelt zu legen, damit sie nicht verweichen. Wir schließlich empfehlen aus eigener Erfahrung, die fertige Oblatentorte nach dem Verteilen mit der Hand zu essen, um zu vermeiden, daß gerade die Oblate auf dem Teller liegen bleibt, die dem Kuchen seinen unverwechselbaren Geschmack gibt.

Oblatentorten

Hier fiel es besonders schwer, aus der reichen Fülle phantasievoller Kompositionen, die für die Tortenpfanne in ihrer über dreihundertjährigen Geschichte kreiert wurden, eine Auswahl zu treffen. Das hier versammelte halbe Dutzend Tortenrezepte kann nur andeuten, wie vielseitig die neue Backmöglichkeit zu nutzen war – und wie hilfreich die Backoblate ist. Sie trennt den Teig vom Pfannenboden und sorgt damit ebenso für gleichmäßiges Durchbacken, wie sie nach dem Backen das sichere Herausnehmen garantiert. Bei Obstauflagen verhindert sie das Absinken der Früchte und das Verweichen des Teigbodens. Schließlich hält sie auch diesen Kuchen länger frisch, sofern er nicht – was viel wahrscheinlicher ist – sofort verspeist wird. Der Begriff Torte ist hier übrigens nicht im heutigen Sinne gebraucht, sondern bedeutet »großer runder Kuchen« im Gegensatz zu Kleingebäck oder zu Pasteten. Die folgenden Torten sind eher mit den französischen »tartes« verwandt als mit jenem schweren Geschütz, das die deutsche Kaffeetafel neuer Zeit so gern auffährt.

Mandeltorte

Ihr zuliebe, so scheint es, ist die Tortenpfanne erdacht worden. Jedenfalls stehen am Beginn ihrer Geschichte nichts als Mandeltorten. Das begann sehr Marzipan-ähnlich, süß und schwer, und wurde mit der Zeit immer lockerer und abwechslungsreicher. Versuchen Sie es mit dieser sächsischen Variante, die aus dem Jahr 1804 stammt:

200 g feingeriebene Mandeln, 160 g Zucker, 1 Teelöffel
gemahlener Zimt, 1 Messerspitze geriebene Muskatnuß,
abgeriebene Schale einer Zitrone, 5–6 ganze Eier;
Obstkuchenoblaten; für den Rand: Blätterteig; zum Verzieren:
geschnittenes Zitronat, getrocknete Weinbeeren,
Makronen.

Man vermengt die Mandeln mit dem Zucker und den Gewürzen, gibt nach und nach die Eier dazu und verrührt das Ganze gut. Dann legt man eine Springform doppelt mit Oblaten aus, formt einen Rand aus Blätterteig und gießt die Mandelmasse auf die Oblate. ». . . Mache ein Kreutz von geschnittenem Zitronat und großen ausgekernten Rosinen drauf; backe die Torte in gelinder Hitze und garniere sie mit Makronen.«

Weiter wird im Originalrezept als Variante vorgeschlagen, die Mandeltorte mit Kompottfrüchten, z. B. Äpfeln oder Quitten zu belegen. Wir können noch eine weitere Variante beitragen: Man belegt die Oblate vor dem Einfüllen des Teigs locker mit gut abgetropften (wenn nötig: entsteinten) Rumfrüchten. Sollten die Früchte sehr feucht sein, streut man zuerst eine Handvoll Haferflocken auf die Oblate. Die Fertigstellung geschieht dann wie oben.

Braune Haselnußtorte

140 g feingewiegte Haselnüsse, Zucker zum Bestreuen,
140 g ungeschälte, feingewiegte Mandeln, 280 g Zucker,
4 Eiweiß; zum Bestreichen: Aprikosen- (oder andere)
Marmelade; Obstkuchenoblaten, runde Backoblaten.

Zuerst müssen die Haselnüsse mit etwas Zucker bestreut und in einer Pfanne gelb geröstet werden. Dann vermischt man sie mit den Mandeln und dem Zucker und verarbeitet alles mit dem Eiweiß zu einem zähen Teig. Nun bestreicht man zwei runde Oblatenblätter fingerdick mit Teig, setzt vom Teigrest kleine Häufchen auf runde Backoblaten und backt Blätter und Krapferl auf dem Blech gelb. Nach dem Backen bestreicht man beide Blätter mit Marmelade, setzt sie aufeinander und belegt sie mit Krapferln.

Steirerkäse

Der Name dieser wohl aus der Steiermark stammenden Torte – wir zitieren sie nach der »Süddeutschen Küche« der Katharina Prato – spielt auf die ähnlich gehaltvolle und herzhafte steirische Nationalspeise, den Sterz (auch Polenta genannt) an.

280 g abgezogene, feingeriebene Mandeln, 280 g Pignoli,
280 g feiner Zucker, 140 g in feine Streifen geschnittenes
Zitronat (dabei evtl. auch etwas sehr dünn abgeschälte,
in feine Streifen geschnittene Zitronenschale), ½ Teelöffel
geriebene Muskatnuß, 1 Messerspitze gemahlene
Nelken, 1 Messerspitze gemahlener Zimt, 2 Eßlöffel Mehl,
2 Eier, etwas Rotwein; Obstkuchenoblaten.

Man vermischt Mandeln, Pignoli (Pinienkerne) und Zucker mit den Gewürzen und dem Mehl, befeuchtet die Mischung anschließend mit den in etwas Rotwein versprudelten Eiern und bäckt sie in einer Springform, die doppelt mit Oblaten ausgelegt wurde.

Zimttorte

6 Eiweiß, 500 g feingemahlene Mandeln, 325 g Puderzucker,
2 Teelöffel Zimt, dünn abgeschälte und kleingehackte
Schale einer Zitrone; Obstkuchenoblaten; zum Garnieren:
Mandeln oder Zuckerglasur und feine Streifchen dünn
abgeschälter Zitronenschale.

Man schlägt das Eiweiß zu festem Schnee, den man mit den übrigen Zutaten verrührt. Im Originalrezept von 1804, das, wie auf dem Titel zu lesen ist, »von einer Hausmutter« verfaßt wurde, heißt es dann weiter: »Bestreiche sodann ein Papier mit Butter, lege eine geformte Oblate drauf und mache einen Rand vom Papiere umher, thue die Masse auf die Oblate, garniere sie mit Mandeln oder womit du willst und backe sie auf dem Backbleche in gelinder Hitze gelbbraun.«

Zahnstocher

3 Eiweiß, 210 g mit den Schalen sehr fein gemahlene
(evtl. zweimal durchmahlen) Mandeln, 200 g Puderzucker;
zum Bestreuen: abgezogene, grobgehackte Mandeln;
zum Füllen: feine Marmelade, evtl. mit etwas Rum verrührt;
für die Glasur: 1–2 Eiweiß, 160 g Puderzucker,
einige Tropfen Zitronensaft und Rum;
rechteckige Backoblaten.

Man arbeitet die Mandeln mit Eiweiß und Puderzucker gut zu einem Teig
ab (nach der Originalanweisung wären feingeschnittene Mandeln mit
Eiweiß und feinem Zucker in einem Mörser zu stoßen) und formt die
Masse zu einem länglichen Wecken. Nun legt man Backoblaten in
Weckengröße auf das Blech (um Oblaten zusammenzukleben, muß man
sie nur an den Kanten etwas befeuchten), gibt den Mandelteig darauf,
drückt ihn mit einem Kochlöffelstiel der Länge nach ziemlich tief ein,
bestreut, ehe man den Kochlöffel wegzieht, den Wecken mit gehackten
Mandeln. Bei mäßiger Hitze wird der Wecken mehr getrocknet als
gebacken. Ehe er ganz getrocknet ist, nimmt man den Wecken heraus,
füllt die Rinne mit Marmelade und überzieht das Ganze mit einer
Zitronenglasur (dafür werden die angegebenen Zutaten kalt verrührt).
Anschließend gibt man es nochmals zum Übertrocknen ins Rohr. Das
Gebäck soll nach der Fertigstellung ein paar Tage stehen, dann schneidet
man es in schmale Stücke.
Wie es zum Namen Zahnstocher kam, ist nicht genau zu klären, aber
keine Sorge: es ist für die Zähne nicht gefährlicher als jedes andere süße
Gebäck.

Pinienkerne

Diß Confect mehret den natürlichen Samen / darumb es den unkreff-
tigen männern / und die zu solchem werck nit mehr tauglich / sehr
nützlich und bequem ist.   (G. Ryff, 1555)

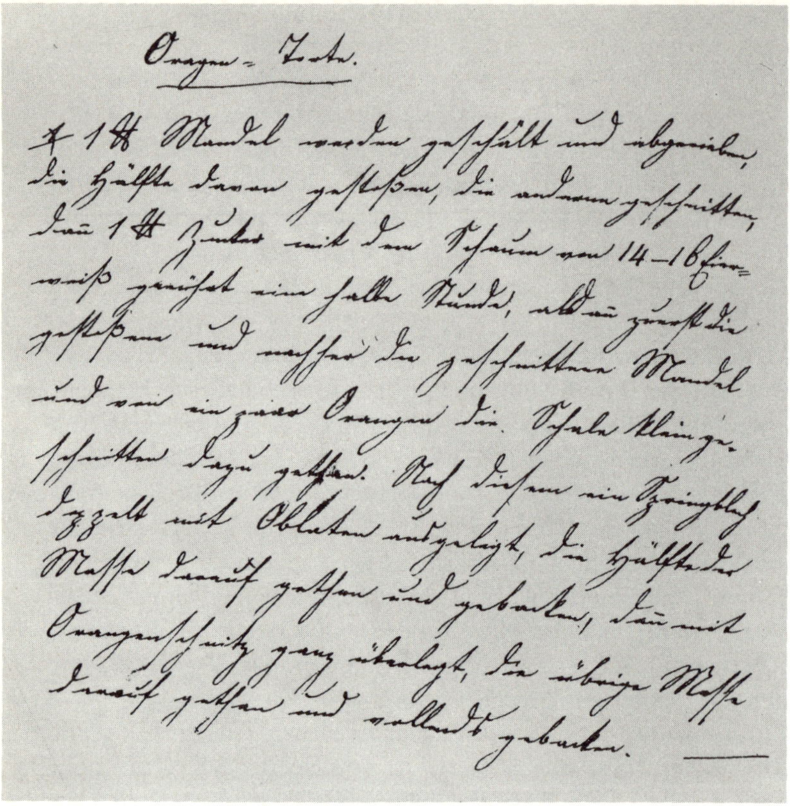

Orangen-Torte.

[handschriftliches Rezept]

560 g Mandeln, 560 g Zucker,
14–16 Eiweiß, kleingeschnittene Schale
einiger Orangen, 3–4 dünne
Scheiben geschnittene Orangen;
Obstkuchenoblaten.

Diese Zutaten und Mengen sieht die anonyme Verfasserin des Rezepts (die zierliche Schrift läßt auf eine Damenhand schließen) vor. Für eine normale Springform genügt jedoch nach meiner Erfahrung die halbe Menge für einen schönen Kuchen, der am besten frisch verzehrt werden soll.

Brotkuchen mit Kirschen
oder Weichseln

10 Eier (getrennt), 200 g Zucker (der mit etwas Vanillemark
oder einem halben Päckchen Vanillinzucker vermischt
wurde), 300 g Semmelbrösel, 2 Eßlöffel Weißwein,
70 g ungeschälte, feingewiegte Mandeln, 1 Teelöffel
gemahlener Zimt, 1 Teelöffel gemahlene Nelken,
400 g entsteinte Kirschen oder Weichseln (Sauerkirschen);
Obstkuchenoblaten; evtl. für die Glasur:
220 g Puderzucker, 2 Eßlöffel Kirschsaft, 1 Eiweiß.

Zucker und Eigelb werden sehr lange zu einer schönen Schaummasse
geschlagen, unter die man dann die mit Wein befeuchteten Semmelbrösel,
Mandeln und die Gewürze gibt. Zuletzt wird das Eiweiß zu einem sehr
festen Schnee geschlagen und daruntergehoben. Man füllt die Hälfte der
Masse in eine mit Oblaten ausgelegte Springform, legt eine Oblate darauf,
auf der man die abgetropften Kirschen oder Weichseln verteilt. Zuletzt
gibt man den Rest der Masse darüber. Wenn die Torte gelbbraun
gebacken ist, bestreut man sie, wie das Originalrezept vorsieht, dick mit
Zucker »und glasiere sie vermittelst einer glühenden Schaufel«. Man
kann aber auch aus Zucker, Kirschsaft und Eiweiß eine Glasur rühren,
mit der man die Torte überzieht.

Von rosin weinberlin unnd ihrer wirckung
Rosin weinberlin seind ein fruchte für gesunde unnd krancke / und
welche süsser seind / haben mehr werme und feuchtigkeit / die
sauren und zuziehenden minder / Die besseren seind die grösseren
und subtiler haut und korn haben / Aberwelche die saur essigs
geschmack haben / stercken den magen... / Und spricht Albertus
Magnus / daß die weinbeer gut seind / welche einer guten gestalt / an
einem heytteren Tag abgebrochen zu mittag in abnemenden Mon /
drei oder vier tag auffgehenckt unn behalten.

(G. Ryff 1563)

Oblatenbilder

Oblaten als Gebäck- und Albumschmuck

Jeder kennt die bunt glänzenden, geprägten und gestanzten Bildchen, die als niedliche Putten, putzige Kätzchen oder andere Symbole ungetrübten Bürgertums heute noch die heile Poesiealben-Welt bevölkern. Ein größerer Gegensatz ist kaum vorstellbar als zwischen diesen farbenfrohen *Album- oder Klebebildchen* und der schlichten, glatten, weißen Backhilfe, der sich dieses Buch widmet. Und doch nennt man die einen wie die anderen, zumindest in weiten Gegenden Deutschlands, Oblaten.

Was vielen als eine zufällige Namensgleichheit oder sogar als glattes Mißverständnis erscheinen mag, läßt sich indes historisch erklären; denn die Bilder haben mit dem Backen schon sehr früh etwas zu tun gehabt. In vorchristlicher Zeit gab man dem Gebäck, das vor allem Kultfunktion hatte, bereits figurale oder ornamentale Formen, die uns zum Teil noch heute in volkstümlichen »Gebildbroten« überliefert sind.

Ein Teil dieser Bräuche wurde später vom Christentum aufgegriffen und zum Teil umgedeutet: So wird man sich z. B. die zur Zeit des Mittelalters von Klöstern verkauften gewürzten »Heilbrote« mit Symbolen geschmückt vorstellen müssen (wie ja auch der Hostie von Anfang an ein Symbol eingeprägt wurde). Für die um diese Zeit entstandenen Pfeffer- und Lebkuchen ist ebenfalls überliefert, daß sie mit Modeln und gefärbten Zuckergüssen hergestellte Bilder trugen (vgl. z. B. den abgebildeten Holzschnitt, der einen solchen Lebkuchen zeigt). Auch das Pfefferkuchenhaus im »Schlaraffenland«, das ein Holzschnitt von 1530 darstellt (siehe Seite 109), besteht zum Teil aus »bebilderten« Lebkuchen.

Um diese Zeit wurden Holzschnitt und Kupferstich jedoch schon zu gebrauchsgraphischen Zwecken, z. B. zur Spielkartenherstellung, eingesetzt, und so nimmt man an, daß auch die von den Meistern des Kupferstichs verwendete Form des Rundbilds nicht allein als Goldschmiedevorlage diente (vgl. auch die italienischen »nielli«), sondern auch zum Bekleben von Lebkuchen verwendet wurde. Da diese nach altem Brauch vor allem zur Weihnachtszeit oder am Neujahrstage verschenkt wurden, waren es hauptsächlich religiöse Darstellungen aus diesem Bereich, die die frühesten *Lebkuchenaufkleber* schmückten. Der im Zusammenhang mit den zahlreichen Wallfahrten aufkommende Andenken- und Devotionalienhandel griff diesen Bildschmuck auf Gebäcken, aber auch in isolierter Form, auf: Kleine, geweihte Rundbilder wurden als *Schluckbilder* unters Volk gebracht. Doch so nahe hier das Bildchen der Oblate auch war, den Namen übernahm es erst viel später.

Unterdessen wurde der Gebrauch von Gebäckaufklebern vielseitiger. Die im 18. Jahrhundert auflebende religiöse Gebrauchsgraphik bescherte uns eine Vielzahl populärer, wenn auch nicht immer künstlerisch hochwertiger Heiligendarstellungen. Sie wurden bereits in Mengen hergestellt, oft reihenweise auf großen Bögen, die dann mit Schablonen koloriert werden konnten. Solche billig hergestellten Heiligenbilder, darunter von Beginn an erster Stelle St. Nikolaus, der Kinderfreund, zierten die glatten Lebkuchen, die es in runder, rechteckiger oder Rautenform gab. An der Wende zum 19. Jahrhundert finden wir auch bereits profan gebrauchte *Gebäckaufkleber:* Statt zeitraubend mit der Tortenspritze z. B. Lebkuchen- oder Marzipanherzen mit Sprüchen aus Zuckerguß zu zieren, bediente man sich bedruckter Papiere in verschiedener Form, die als Konditordevisen bekannt wurden und mit denen einfache Leb- oder Honigkuchen aufgewertet werden konnten.

Alle diese beschriebenen Verwendungsarten haben jedoch nur Vorläufer-Charakter, denn die eigentliche Blütezeit der Gebäckaufkleber beginnt erst im 19. Jahrhundert, nach der die ganze Drucktechnik revolutionierenden Erfindung der Lithographie. Im Farb- oder Chromolithographieverfahren ließen sich fast unendlich viele bunte Bilder in immer gleichbleibender Qualität herstellen. Mit Ausbreitung dieser graphischen Technik bot sich eine unüberschaubare bunte Bilderwelt den Augen von Erwachsenen und vor allem Kindern.

Nicht nur Bilderbücher, Ausschneidebögen und alle Arten von Etiketten wurden bunt, sondern vor allem auch die wachsende Zahl der Lebkuchenaufkleber. Hatte ein Kind endlich den langgewünschten Lebkuchen mit dem schönen Bild in Händen (außer dem Hl. Nikolaus waren es vor allem Hänsel und Gretel und andere Märchenfiguren, die auf den Bildern dargestellt waren), dann wurde, wenn schon der Kuchen selbst gleich verzehrt wurde, wenigstens das Bild sorgsam gehütet.

Ein Mann verteilt einen Lebkuchen, der mit dem Kreuzbild versehen ist, unter seine Gäste.

So wurden die bunten Chromolithographien, heute im angelsächsischen Sprachraum auch kurz »Chromos« genannt, schon um 1870 zum Sammelobjekt, das man bereits um diese Zeit in Freundschafts- oder Poesiealben (in England: scrap-books) klebte. Da sie ebenso wie Oblaten ursprünglich nur im Zusammenhang mit Gebäck, in diesem Falle Lebkuchen, vorkamen, scheint ihnen dies zu der später aufkommenden Bezeichnung *Oblaten* verholfen zu haben. Daß sie eine Tradition haben, die, wie man sah, zeitweise in enger Parallele zur Geschichte des Backens verläuft, ist heute aus dem allgemeinen Bewußtsein geschwunden. Sammler jedoch – und ihre Zahl wächst von Tag zu Tag – wissen von dieser Verwandtschaft: Sie finden Oblatenbildchen, ebenso wie alte Heiligenbilder, oft als Einmerker in alten Kochbüchern.

Lebkuchen

Auch die Lebküchelei – so wurde die Bäckerei von Lebkuchen in alter Zeit gelegentlich liebevoll genannt – ist mit der Oblatengeschichte eng verbunden. Beide, Oblaten sowohl wie Lebkuchen, wurden bekanntlich zuerst in Klöstern gebacken. Und die einen wie die anderen gehen auf ein altes Fladengebäck zurück, das im Fall der Lebkuchen aus wildem Honig und Getreidekörnern bestanden haben mag. Schließlich hatte dieser Honigkuchen anfangs ebenfalls die Funktion eines Kultgebäcks. Wir begegnen ihm als Grabbeigabe im alten Ägypten ebenso wie als Opferbrot der Antike, und erst recht bei den Germanen, für die der Honig ja heilige Göttergabe war. Beim heidnisch – germanischen Fest zur Wintersonnenwende wurde der Honigkuchen als Gegengabe zum Dank für das rituelle »Pfeffern« (das Schlagen mit der Lebensrute) verschenkt. Der Namenszusammenhang mit dem Pfefferkuchen ist dabei gewiß zufällig, doch die Verbindung des Lebkuchens mit dem Weihnachtsfest ist ihm von daher geblieben.

Aus der kultischen Bedeutung des Honigs und des Honigkuchens sind auch die Wirkungen zu verstehen, die ihm zugeschrieben werden: Lebensspendend, heilbringend – und auch heilend, das alles ist in der germanischen Vorstellung mit dem süßen Gebäck verbunden. Diese das Heilige ebenso wie das Heilende umfassende Bedeutung wurde mit dem Backwerk selbst von den Klöstern übernommen. Mönche verkauften, wie die Überlieferung weiß, um das 8. Jahrhundert »Heilbrote« in den klösterlichen Apotheken, die Krankheitsdämonen vertreiben sollten.

Etwa um diese Zeit beginnt die Einfuhr orientalischer Gewürze, die die einheimischen alsbald verdrängen und in Küche wie Heilkunst beherrschend werden. Das meistgeschätzte der Gewürze ist der Pfeffer, und ihm, dessen Schärfe alle anderen Aromen überlagert, wird auch die intensivste Heilwirkung zugesprochen. Die Vorliebe des Mittelalters für dieses Gewürz geht so weit, daß es geradezu zum Oberbegriff aller Gewürze wird. So wird das Heilbrot, durch Anreicherung mit den neuen

Würz- und Heilmitteln, zum Pfefferkuchen, *der später dann – seit dem* *13. Jahrhundert gibt es Belege dafür –* auch *lebekuoche* heißt.
So viele Deutungen es auch für diese Namensbildung gibt, sie alle drücken eine fast magische Kraft aus, die mit diesem Wort verbunden wird. Ob die Bezeichnung nun als halbgelehrte Bildung zu verstehen ist, in der »libum«, das heißt Fladen, steckt, oder vielleicht »liba«, das Opferbrot, in jedem Falle schwingt die Vorstellung einer gesundheitsfördernden, lebensspendenden Wirkung mit, die dem Honigkuchen traditionell zugesprochen wird. Diese Bedeutung lag in alter Zeit so auf der Hand, daß Christoph Weigel 1618 in der »Abbildung der gemeinnützigen Hauptstände« sich zum Namen so äußern wird: ». . . so mag der vom Honig bereitete Kuchen hiervon den Namen ›Lebkuchen‹ bekommen haben, als er das Leben gleichsam stärke und mit neuer Kraft begabe.«

Da die Lebkuchen im Volk allgemeine Beliebtheit genossen, entwickelte sich bald darauf die Herstellung zum eigenen Beruf. Am Kreuzungspunkt vieler Handelswege gelegen und von honigreichen Waldgebieten umgeben, war Nürnberg der ideale Ort für die Lebkuchenbäckerei. Schon im 15. Jahrhundert waren Nürnberger Lebkuchen weit über die Grenzen der Stadt hinaus ein Begriff. Diesem florierenden Handel wurde mit dem Beginn des Dreißigjährigen Krieges aber ein jähes Ende bereitet. Da kein Handel mehr möglich war, kamen keine Rohstoffe mehr ins Land, und die Lebkuchenbäckerei war lahmgelegt.

Doch die klugen Nürnberger Lebküchner – mittlerweile waren sie »zünftig« geworden – wußten sich Rat; sie verlegten sich auf die Herstellung eines anderen »Modeartikels«, nämlich des Marzipans. Da jedoch auch hierzu die Rohstoffe knapp waren, veränderten sie das Rezept in unbekümmerter und echt Nürnberger Weise (siehe Seite 46). Als diese Verfälschung ruchbar wurde und der Berufsstand Schwierigkeiten vor allem mit dem Stand der Zuckerbäcker befürchten mußte, in deren Domäne er so selbstherrlich eingedrungen war, griffen die gewitzten Lebküchner zu einer List: Sie nannten das »Marzipan«, das sie mit Mehl und Eiern herstellten, kurzerhand »Weiße Lebkuchen« und waren fürs erste aller Probleme ledig. Mochte man dieses Gebäck außerhalb ihrer Stadt ruhig weiter »Mandelkuchen« nennen (wie zum Beispiel im »Confect – Tisch« der M. S. Schellhammer), in Nürnberg hieß es hinfort »Lebkuchen« und war somit eindeutig in die Zuständigkeit der schlauen Lebküchner gefallen. (Erst im Jahre 1808 sollten die Konditoren deswegen den vielbelächelten »Nürnberger Lebkuchenkrieg« anzetteln.) Mit der Umbenennung des Gebäcks schufen die Lebkuchenbäcker aber nicht nur für sich eine neue Verdienstmöglichkeit, sondern sie verhalfen damit den »Weißen Lebkuchen« zu ihrem beispiellosen Siegeszug. Sie haben so nicht nur sämtliche inhaltlichen Vorstellungen, die sich mit dem alten Honig-Pfefferkuchen verbinden, auf sich ziehen können, sondern die »Weißen Lebkuchen« oder, in ihrer feinsten Form, »Elisen-Lebkuchen« gelten heute geradezu als die eigentlichen und wahren Vertreter dieser Gebäcksorte und sind zum Aushängeschild für die moderne »Lebküchelei« geworden.

Und Kultgebäck können wir es heute auch wieder nennen. Oder verbinden Sie, geschätzter Leser, etwa nicht mit dem Namen und erst recht mit

dem Geschmack dieser Lebkuchen die schönste Festzeit des Jahres? Doch würde man den Lebkuchen unrecht tun, wenn man sie so auf ein Datum festlegen wollte. Man probiere also anhand der nachstehenden Rezepte, wie köstlich Lebkuchen auch das Jahr über zu Tee, Kaffee oder – und damit würde man den Brauch der mittelalterlichen Klöster aufgreifen – auch zum Wein passen.

77. Weisse Mandel-Leb-küchlein / noch anderst.

Zehet ein halb Pfund Mandeln ab/trocknet sie mit einem Tuch/ schneidet selbige Viertel-weiß/leget sie auf ein Papier/setzet solche in ein Oefelein/ und bräunet sie ab: Nehmet ferner zwölff Loth schönes Mehl/ vierzehen Loth Zucker/ und von fünff Eyern das Weisse/ samt zween-und einem halben (oder drey) Dottern/ rühret sie in einer Schüssel wohl unter einander/ thut ein halb Loth Muscatnuß/ eben so viel Zimmet/ und ein klein wenig Anis und Rosen-Wasser dazu/ rühret alles wohl durch einander/ thut letzlich die abgebräunte Mandeln dazu; streichet diesen Teig auf Oblat-Blätlein/ bachet sie/ wie die vorigen/ und behaltet selbige an einem warmen Ort auf/ so bleiben sie rösch.

560 g Mandeln, 560 g Zucker, 560 g Mehl, 8 Eier,
20 g Zimt, je 9 g Muskatnuß, Muskatblüte und Kardamom;
Backoblaten.

Zimt

Confect von den edlen Zimmetröslein / trücknet alle unnatürliche feuchte des magens / sterckt den magen und Leber / bringt wider den verlornen appetit / und reytzet den magen zur Speise . . .

(G. Ryff, 1555)

Weiße Nürnberger Lebkuchen

280 g Zucker, 4 Eiweiß, 70 g feingeschnittenes Zitronat,
30 g feingeschnittenes Orangeat, etwas Zimt, Neugewürz,
Nelken, geriebene Zitronenschale, Muskatblüte,
Kardamom, 280 g ungeschälte, feingeschnittene Mandeln;
Oblaten in Spielkartengröße.

Man rührt zuerst Zucker und Eiweiß »eine Stunde«, wie es die strenge
Autorin des Originalrezepts vorschreibt, und gibt dann nach und nach die
übrigen Zutaten hinzu. Mit dieser Masse bestreicht man die Oblaten
fingerdick, legt auf jede Mitte ein Stückchen Zitronat, bestreut sie mit
Zucker und bäckt sie in mäßig warmem Rohr.

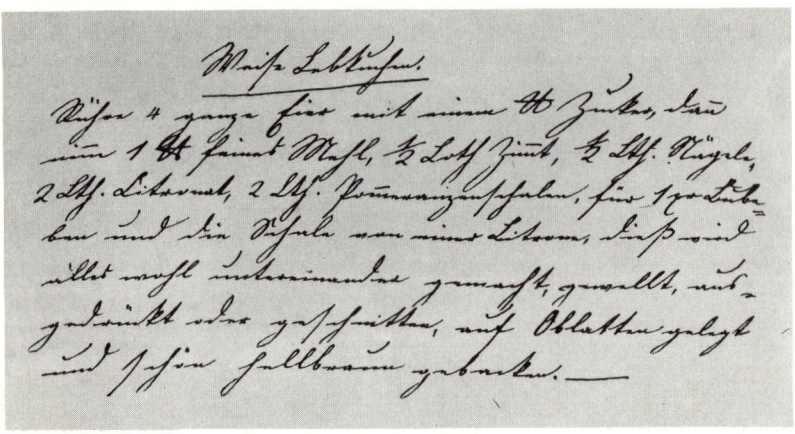

4 ganze Eier, 560 g Zucker, 560 g feines Mehl, 9 g Zimt,
9 g gemahlene Nelken, 35 g Zitronat, 35 g Orangeat, etwas
Cubeben (»für einen Kreuzer«), feingeschnittene Schale
einer Zitrone; Oblaten.

Weiſſe Mandel-Leb-küchlein.

Egit ein Pfund Mandeln über Nacht / oder auch nur etliche
Stunden / in ein kalt Waſſer / ziehet die Haut herab / trocknet ſie mit ei=
nem Tuch; ſchneidet aus einem Mandel überzwerch drey Theile / le=
get ſelbige / vermittelſt eines Papiers / auf ein Blech / trocknet ſie im Oe=
felein ab / daß ſie ein wenig bräunelicht werden : nehmet alsdann ein
Pfund ſchön trocknen Zucker / und eben ſo viel wohl-gedörrtes Mehl /
ſchlaget acht kleine Eyer daran / und rühret den Teig wohl ab : wann
dann die Mandeln erkühlet ſind / ſchüttet ſie in den Teig / wie auch an=
derthalb Loth gute Zimmet / Muſcatnuß / Muſcatblüh und Cardamo=
men / jedes ein halb Loth / und zwar alles gröblicht zerſchnitten :
ſtreichet dieſen Teig auf Oblaten / ſo groß als man ſie haben will :
traget ihn aber nicht gar zu dick auf; leget ſie auf ein Papier / ſetzet ſolche
auf das Blech / und laſſet ſelbige fein gemach bachen : Solte der Teig
gleiſſend werden / daß er flieſſen wolte / kan man ein wenig Stärck=
Mehl darunter miſchen.

280 g Mandeln, 200 g Mehl, 235 g Zucker, 5 Eiweiß,
3 Eigelb, je 9 g Muskatnuß und Zimt, ein wenig Anis und
Rosenwasser; Oblaten.

Elisen – Lebkuchen

4 Eier, 200 g Puderzucker, 2 Teelöffel Zimt, je eine
Messerspitze gemahlene Nelken und Muskatblüte, 1 Prise
Salz, sehr dünn abgeschälte und feingeschnittene Schale
einer Zitrone, 180 g gemahlene Mandeln, 180 g gemahlene
Haselnüsse, 170 g Zitronat, 80 g Orangeat; große, runde
Backoblaten; für die Glasur: 200 g Puderzucker,
35 g Kakao, 30 g Kokosfett, 5 Eßlöffel heißes Wasser.

Man rührt zunächst die Eier und den Puderzucker zu einer guten Schaummasse und gibt dann Gewürze, Mandeln und Haselnüsse hinzu. Zuletzt
gibt man das sehr fein geschnittene Zitronat und Orangeat dazu und
vermischt alles nochmals gut. Nun bestreicht man die Backoblaten mit
der Masse, läßt aber einen schmalen Rand frei. Bei mittlerer Hitze backen
und nach dem Abkühlen glasieren.

Elisenlebkuchen auf andere Art

3 Eier, 200 g Farinzucker (brauner Rohzucker), Mark einer
zuvor geklopften Vanillestange, 250 g in einer Pfanne
geröstete Haselnüsse, 1 Eßlöffel Rum, je 75 g Zitronat und
Orangeat, abgeriebene oder dünn abgeschälte und
feingewiegte Schale einer halben Zitrone, 50 g Stärkemehl;
runde Backoblaten; zum Verzieren: nach Belieben
verschiedene Zuckerglasuren, z. B. wie bei
Himbeerlebkuchen oder Elisen-Lebkuchen, dazu Mandeln,
Pistazien, Zitronat- und Orangeatstreifen, kandierte
Kirschen, bunte Zuckerperlen.

Man rührt zuvor eine sehr gute Schaummasse aus den ganzen Eiern und
dem mit Vanillemark vermischten Zucker. Dazu gibt man dann die
feingemahlenen Nüsse, den Rum und das feingehackte Zitronat und
Orangeat, zuletzt die Zitronenschale und das Stärkemehl. Die nicht zu
weiche Masse wird mit dem Messer flach-kegelförmig auf große runde
Oblaten gestrichen, bei mittlerer Hitze etwa 20 Minuten gebacken und
anschließend nach Belieben verziert.

Diese zweite Art mag hier stellvertretend für die unzähligen Variationen
dieses zweifellos feinsten Lebkuchenrezepts stehen, das seine Berühmt-
heit nicht zuletzt den Oblaten verdankt, auf denen sie gebacken werden.
Denn diese garantieren nicht nur gleichbleibende Form und gleichmäßiges Durchbacken, sondern verhindern auch zu schnelles Austrocknen:
Denn Elisen-Lebkuchen sollen stets frisch gegessen werden.

»Mandel-Kraut auf Oblat« oder Mandelhäuflein

So nennt der berühmte Hagger in seinem umfangreichen »Saltzburgi-
schen Kochbuch« von 1719 diese Art von Mandel-Lebküchlein:

375 g Zucker, 3 Eier, 2 Eigelb, 2 Eßlöffel Wasser, 320 g feines
Mehl, 375 g abgezogene Mandeln; runde Backoblaten.

Die Originalanweisung liest sich folgendermaßen:

Nimm drey Vierling Zucker / und drey gantze Eyer / dann zwey Dotter / zwey Löffelvoll Wasser / gieß auf den Zucker / die Eyer müssen aber zuvor eine Viertelstund in einem Häfelein abgeschlagen werden / darnach rühre erst den Zucker darein / rührs ein gantze Stund / nimm achtzehen Loth Mund-Meel / thue die gerührte Eyer mit dem Zucker in das Meel / nimm drey Vierling abgezogne Mandeln / die mit einem Tuch wol seynd abgetrücknet worden / schneids zu vier Theil / rührs in den Taig / schneid runde grosse Oblat / oder viereckicht / thue von dem Taig einen halben Löffelvoll darauf, hernach lege oben auf halbe geschnittne Mandeln schön ordentlich / bachs bey einer gähen Hitz / schön Liecht-gelb heraus / und nicht zu viel / gibs warmer / oder kalter / mit oder ohne Zucker bestreuter.

Himbeerlebkuchen

Diese Abwandlung der Nürnberger Lebkuchen zeigt, daß sie auch zur Sommerszeit ihren festen Platz im traditionellen Backrepertoire haben:

7 Eiweiß, 500 g Zucker, 150 g frische Himbeeren,
350 g feingemahlene und 100 g nicht zu fein gehackte
Mandeln, 40 g Stärkemehl, 1 Eßlöffel Himbeergeist,
1 Teelöffel Zimt, 1 Messerspitze gemahlene Nelken, etwas
geriebene Muskatnuß; große, runde Backoblaten; für die
Glasur: etwa 200 g Puderzucker, 2 Eßlöffel Himbeersaft
oder dünne Himbeermarmelade, etwas Zitronensaft,
1 Teelöffel Kokosfett.

Das steifgeschlagene Eiweiß und der Zucker müssen eine halbe Stunde lang zu einer dicken Masse gerührt werden. Dann vermischt man die durchpassierten und pürierten Himbeeren mit den Mandeln, dem Stärke-mehl und den angegebenen Geschmackszutaten. Darunter wird nun die Eischnee-Zuckermasse gezogen. Dann verteilt man die Masse mit einem

Löffel auf runden Backoblaten und läßt die Lebkuchen bei schwacher Hitze eine knappe Stunde lang trocknen. Anschließend rührt man eine Glasur aus Puderzucker, Himbeer- und Zitronensaft und heißem Kokosfett und überzieht damit die fertigen Lebkuchen.

Sächsischer Gewürzkuchen

250 g süße und 35 g bittere Mandeln, 4 Eiweiß, 6–8 Eiweiß, 500 g Zucker, je 2 gestrichene Teelöffel gemahlene Nelken, Kardamom und Ingwer, 3–4 Teelöffel gemahlener Zimt, abgeriebene und feingehackte Schale je einer halben Zitrone; runde Backoblaten oder auch Obstkuchenoblaten; für die Glasur: 125 g Puderzucker und etwas Orangenblüten- oder Rosenwasser.

Die Mandeln werden zunächst fein gemahlen und mit den 4 Eiweiß vermischt (oder, wie im »Magdeburger Kochbuch« von 1804 angegeben, mit der angegebenen Eiweißmenge im Mörser zerstoßen) und anschließend mit dem Schnee der zweiten Eiweißmenge vermengt. Unter diese Schaummasse rührt man nun sämtliche Gewürz- und Geschmackszutaten und setzt davon flache Häufchen auf runde Backoblaten, die bei mäßiger Hitze gelbbraun gebacken werden. Nach dem Backen bestreicht man die Gewürzkuchen mit der Glasur aus Puderzucker und Orangenblütenwasser und überbackt sie nochmals, bis der Überzug weiße Blasen wirft.
Ebensogut kann man wie bei den Oblatentorten verfahren und die ganze Masse auf einer in eine Springform gelegte Obstkuchenoblate verteilen, hellgelb backen und wie oben glasieren.

Nelken
Ein Confect von Nägelein bereit / stillet das aufstossen / heschen oder kluxen / unwillen / und obenauß brechen des magens ... und macht lustig zur speiß   (G. Ryff, 1555)

Gefüllte Lebkuchen

Je 70 g Zitronat und Orangeat, beides in feine Streifen
geschnitten, 2 Teelöffel gemahlener Zimt,
1 Teelöffel gemahlene Muskatblüte, 250 g Zucker,
375 g geschälte Mandeln, davon 250 g gestoßen
und 125 g gestiftelt, 4 Eiweiß;
rechteckige Oblaten in Spielkartengröße;
für die Glasur: 250 g Puderzucker,
5 Eßlöffel Wasser.

Zitronat und Orangeat werden zunächst mit allen Gewürzen vermischt.
Nun rührt man den Zucker und die Mandeln unter den festen Eischnee,
hebt das Gewürzgemisch darunter und streicht diese Masse messerrük-
kendick auf Oblaten, die zuvor mit etwas Eiweiß bepinselt wurden.
Darüber legt man jeweils eine zweite mit Eiweiß angefeuchtete Oblate,
streicht wieder von der Masse darauf, bestreut mit feinem Mehl, fährt mit
dem Wellholz leicht darüber und backt dann die Lebkuchen auf gebutter-
tem Blech bei schwacher Hitze. Die bewährte Autorin Friederike Löffler
(»Stuttgarter Kochbuch« von 1795) gibt an, daß auch diese Lebkuchen
nicht bräunen sollen. Sie rät, die fertigen Lebkuchen mit einer Puderzuk-
kerglasur zu überziehen.

*Jedoch werden Lebkuchen nicht nur in der Nürnberger Variante auf
Oblaten gebacken. Auch für viele der herkömmlichen Honigkuchen,
Pfefferkuchen oder auch braunen Lebkuchen bietet sich diese Herstellungsweise an. Oblaten verhindern in diesen Fällen das zu rasche Bräunen
der zuckerreichen Teige, sorgen für gleichmäßiges Aufgehen und Durchbacken, ermöglichen leichtes Portionieren und Formen der Gebäcke und
erlauben schließlich, die fertiggebackenen Lebkuchen leicht vom Blech
abzunehmen. Da es unter den braunen Lebkuchen nicht nur ausgeprägte
regionale Spezialitäten gibt (in Sachsen heißen und schmecken sie anders
als in Schwaben, der Schweiz oder Bayern), sondern fast jede Familie ihr
eigenes, oft geheimgehaltenes Rezept überliefert, können die folgenden
ausgewählten Rezepte nur andeuten, wie vielerlei köstliche Lebkuchen
auf Oblaten gebacken werden können.*

Einfacher Honigkuchen

500 g Honig, 1 Eßlöffel Butter, 750 g Mehl, 1 Messerspitze
Backnatron, 3–4 Eier, 3 Eßlöffel Zucker,
1 Eßlöffel Rum, 150 g grobgehackte Walnüsse;
rechteckige Backoblaten; zum Bestreuen: eine Handvoll
grobgehackte Walnüsse.

Man erhitzt den Honig mit der Butter, übergießt damit das mit dem
Natron vermischte Mehl und rührt nach und nach die Eier, den Zucker,
Rum und Walnüsse darunter. Die Teigmasse wird auf ein mit rechteckigen Backoblaten ausgelegtes Blech geschüttet, mit angefeuchteten Hand-
flächen glattgestrichen und mit grobgehackten Walnüssen bestreut. Dieser sehr ergiebige und lockere Honigkuchen wird bei Mittelhitze gebak-
ken, bis er eine schöne Farbe hat, und noch warm in länglich Vierecke
geschnitten.

Honiglebkuchen
der Marie Schandri

1120 g Honig, 1120 g Mehl, 420 g Zucker, 2 Teelöffel
gemahlener Zimt, 2 Teelöffel gemahlene Nelken, 1 Teelöffel
gemahlene Muskatblüte, 1 gehäufte Messerspitze
gemahlener Kardamom, 70 g feingewiegtes Zitronat,
abgeriebene Schale von 2 Zitronen, 280 g Mandeln;
rechteckige Backoblaten; zum Verzieren: abgezogene
Mandeln oder Zitronatstreifen.

Man erhitzt den Honig »in einer messingenen Pfanne« oder in einem
beliebigen modernen Geschirr und rührt das Mehl, Zucker, alle Gewürze
und die gemahlenen Mandeln darunter. Wenn der Teig gut vermischt ist,
streicht man ihn fingerdick auf Oblaten und verziert mit halbierten
Mandeln oder streifig geschnittenem Zitronat. Diese Lebkuchen werden
zuerst zwei Stunden an einem kühlen (aber frostfreien) Ort getrocknet
und dann bei mäßiger Hitze gebacken.

Regensburger Pfeffernüsse

560 g Zucker, 5 Eier, abgeriebene Schale einer halben
Zitrone, je 2 Teelöffel gemahlener Kardamom, gemahlener
Zimt und gemahlene Nelken, 35 g sehr fein geschnittenes
Zitronat, 1 Messerspitze in etwas Kaffee aufgelöste
Pottasche, 560 g Mehl; kleine, runde Backoblaten.

Aus Zucker und Eiern wird durch langes Rühren eine dicke Schaummasse
hergestellt, die mit den Gewürzen und der Pottasche vermischt und
danach auf dem Brett mit der Mehlmenge verknetet wird. Wenn der Teig
abgearbeitet ist, wellt man ihn dünn aus, sticht, wie im Originalrezept
angegeben, »mit einem Ausstecher Pfeffernüsse in der Größe eines Zehn-
Pfennig-Stückes daraus«, die auf passende Backoblaten gelegt und über
Nacht an einen kühlen Ort gestellt werden. Anderntags bäckt man sie bei
mäßiger Hitze. Sie müssen laut Originalvorschrift weiß bleiben.

Rottaler Lebkuchen

In einer niederbayerischen handgeschriebenen Rezeptsammlung findet
sich diese bodenständige Lebkuchenart, die ganz auf exotische Gewürze
verzichtet:

375 g Butter, 250 g Zucker, 3 Eigelb, 750 g Mehl,
1½ Päckchen Backpulver, 250 g Kunsthonig; rechteckige
Backoblaten.

Man rührt eine gute Schaummasse aus Butter, Zucker und den Eigelb, mit
der man dann das Mehl-Backpulvergemisch verknetet. Der Kunsthonig
wird erwärmt, bis er flüssig ist, und zuletzt lauwarm mit dem Teig
vermengt. Der Lebkuchenteig wird nun auf ein mit Backoblaten ausgelegtes Blech verteilt und zwei Stunden lang an einem kühlen Ort getrocknet.
Anschließend wird er bei mäßiger Hitze gebacken und noch warm in
Stücke geschnitten.
Dasselbe Kochbuch überliefert auch folgendes Rezept:

Walnuß-Lebkuchen

500 g Zucker, 8 Eier, 375 g Walnüsse, 1 Teelöffel
gemahlener Zimt, 1 Teelöffel gemahlene Nelken,
½ Teelöffel gemahlener Kardamom, ½ Teelöffel
gemahlener Ingwer, etwas geriebene Muskatnuß und
Muskatblüte, je 100 g feingeschnittenes Zitronat und
Orangeat, 1 gestrichener Teelöffel in lauwarmer Milch
aufgelöstes Hirschhornsalz, 375 g Mehl; quadratisch
zugeschnittene Backoblaten; zum Verzieren: Walnüsse oder
Glasur nach Wahl.

Bei diesem Rezept sollen Zucker und Eier eine gute halbe Stunde gerührt
werden, bis ein dicker, weißer Schaum entsteht. Diese Schaummasse
vermischt man mit den gemahlenen Walnüssen, den angegebenen Gewürzen, Zitronat und Orangeat. Zuletzt gibt man das Hirschhornsalz dazu
und verknetet die Masse mit der angegebenen Mehlmenge. Nun wird der
Teig auf Oblaten gestrichen, über Nacht kühl gestellt und am nächsten
Morgen bei mäßiger Hitze gebacken. Die Lebkuchen können vor dem
Backen mit Walnüssen verziert oder nach Belieben glasiert werden.

Lebkuchensterne

2 Eier, 180 g Zucker, 60 g Honig, 250 g Roggenmehl,
50 g Weizenmehl, ½ Päckchen Backpulver, Mark einer
halben Vanillestange, je ½ Teelöffel gemahlener Zimt,
gemahlene Nelken und gemahlenes Kardamom;
mittelgroße, runde Backoblaten; Eigelb zum Bestreichen;
zum Verzieren: 50 g abgezogene, halbierte Mandeln.

Für diese Lebkuchen, die von keinem Weihnachtsteller wegzudenken sind
und auch als Christbaumschmuck Tradition haben, stellt man zuerst aus
Eiern und Zucker eine gute Schaummasse her, die anschließend mit dem
Honig vermengt wird. Dann siebt man das Mehl-Backpulvergemisch auf
ein Brett, gibt die Gewürze und die gut verrührte Masse dazu und

verarbeitet alles zu einem glatten Teig. Diesen rollt man aus und sticht Sterne aus, die man auf passende runde Oblaten legt. Zuletzt bestreicht man sie mit Eigelb und belegt jeden Stern mit einer halben Mandel. Sie sind bei guter Hitze rasch zu backen. Die überstehenden Oblatenränder können nach dem Backen abgebrochen werden.

Lebkuchenherzen

625 g Mehl, 200 g Mandeln, abgeriebene Schale einer
Zitrone, je 50 g feingewiegtes Zitronat und Orangeat,
3 Eier, 300 g Zucker, je 2 Teelöffel gemahlener Zimt und
gemahlene Nelken, je 1 Teelöffel Muskatblüte und
Kardamom, ½ Teelöffel Piment (oder statt aller dieser
Gewürze: 1 Beutel Leb- oder Pfefferkuchengewürz,
8 g Hirschhornsalz, 12 g Pottasche – Briefwaage! –),
300 g Honig; rechteckige Backoblaten;
zum Bestreichen: verdünnter Honig; zum Verzieren:
Nüsse, Mandeln, bunte Zuckerperlen,
Puderzuckerglasur.

Man siebt das Mehl in eine Schüssel und gibt alle Gewürze und die übrigen Zutaten samt der in etwas lauwarmem Wasser aufgelösten Triebmittel Pottasche und Hirschhornsalz und dem (notfalls durch Erwärmen flüssig gemachten) Honig hinzu. Der Teig muß gut durchgearbeitet werden und dann über Nacht an einem kühlen Ort rasten. Anderntags schneidet man mit der Schere oder einem scharfen Messer nach Schablone rechteckige Oblaten herzförmig zu (für große Lebkuchenherzen schneidet man je eine Herzhälfte aus einer rechteckigen Backoblate und klebt die Hälften durch Anfeuchten der Ränder zusammen). Dann wellt man den Teig etwa ½ cm dick aus, legt die Oblatenherzen darauf (um den Teig gut auszunutzen, legt man die Herzen mit der Spitze abwechselnd nach oben und nach unten) und schneidet die Lebkuchenherzen mit dem Messer aus. Nun legt man sie mit der Oblatenseite aufs Blech, bestreicht sie mit Honigwasser und belegt sie mit einem hübschen Ornament aus Nüssen, Mandeln oder Zuckerperlen.

Kaufbeurer Leckerli

500 g Honig, 300 g Zucker, 20 g feingeschnittenes Orangeat,
kleingeschnittene, sehr dünn abgeschälte Schale einer
Zitrone, 2 Teelöffel gemahlener Zimt, 1 Teelöffel
gemahlene Nelken, 1 Teelöffel gemahlene Muskatblüte,
1 Teelöffel Kardamom, ½ Teelöffel Piment, 2 Eßlöffel
Kirschwasser, 30 g grobgehackte Mandeln,
1 Päckchen Backpulver, 700 g Mehl; rechteckige Oblaten;
zum Formen: Holzmodel.

Honig und Zucker müssen zunächst zusammen aufgekocht werden, dann
gibt man die übrigen Zutaten hinzu (das Mehl ist zuvor zu sieben und mit
dem Backpulver zu vermischen). Der gut abgearbeitete Teig wird auf dem
Brett ausgewellt, mit Holzmodeln abgeformt und mit dem Messer ausge-
schnitten. Die Leckerli werden auf Oblaten gelegt und gebacken.
Da sie nach dem Backen steinhart sind, werden sie einem Ondit zufolge
von den echten Kaufbeurern auf dem Tisch zerschlagen und gelutscht.
Wir nicht Eingeweihten lassen sie einige Zeit abliegen, um sie dann wie
andere Lebkuchen zu verzehren.

Schokoladelebkuchen

200 g Honig, 200 g Zucker, 100 g Kakao, 1 Eßlöffel Zimt,
400 g Mehl, 1 gehäufter Teelöffel Pottasche,
3 Eßlöffel Rum, 100 g grobgehackte Haselnüsse;
rechteckige Backoblaten; für die Glasur:
200 g Puderzucker, 1 Eßlöffel Zitronensaft, 1 Eßlöffel Rum,
1–2 Eßlöffel warmes Wasser.

Auch bei dieser Lebkuchenart erwärmt man zunächst den Honig, bis er
flüssig ist, rührt dann Zucker, Kakao und Zimt dazu und vermengt alles
gut. Nun siebt man das Mehl darauf, gibt die in Rum aufgelöste Pottasche
und zuletzt die gehackten Nüsse hinzu. Der Teig wird auf dem Brett gut
verknetet, schließlich gut fingerdick ausgewellt und auf einem mit Obla-

ten ausgelegten Blech bei Mittelhitze gebacken. Man schneidet den Schokoladelebkuchen noch heiß in quadratische Stücke, die anschließend sofort glasiert werden.

Das Schlaraffenland

Farinplätzchen

250 g Honig, 250 g Farinzucker, 150 g Zucker, 3 Eier,
1200 g Mehl, 3 Messerspitzen in etwas Kaffee aufgelöste
Pottasche, abgeriebene Schale je einer halben Zitrone und
Orange, je 1 Teelöffel Zimt und Kardamom,
½ Teelöffel Piment, 1 Messerspitze gemahlener Pfeffer;
runde Backoblaten.

Bei diesem ergiebigen Rezept verarbeitet man die angegebenen Zutaten gründlich, bis ein feiner Teig entsteht. Diesen wellt man nicht zu dick aus und sticht mit einem Glas oder Förmchen runde Plätzchen aus, die man auf passende Oblaten legt. Man läßt die Farinplätzchen über Nacht kühl stehen und bäckt sie am nächsten Tag schön braun.

»Muskatzin-Lebzelten«

Die Original-Anweisung aus dem frühen 18. Jahrhundert gibt für diese würzigen Lebkuchen die Mengen der Zutaten nur recht vage an. Wir empfehlen folgendes erprobte Rezept:

> 3 Eier, 360 g Zucker, 300 g Mandeln, 120 g gesiebtes Mehl,
> 2 Teelöffel Backpulver, je 25 g feingeschnittenes Zitronat
> und Orangeat, je ½ Teelöffel gemahlener Zimt und gemahlene
> Nelken, eine halbe Muskatnuß gerieben, Saft und abgeriebene
> Schale einer halben Zitrone, 1 Prise Salz, das Mark
> einer Vanillestange, etwas Mandelöl, rechteckige Backoblaten.

Man rührt eine Schaummasse aus Eiern und Zucker und fügt nach und nach die übrigen Zutaten hinzu. Der Teig wird gründlich abgearbeitet und schließlich auf beliebig zurechtgeschnittene Oblaten gestrichen. Man läßt die Lebkuchen über Nacht kühl stehen, bestreut sie am nächsten Morgen mit Hagelzucker und bäckt sie dann langsam bei mäßiger Hitze.

»Zimmet-Lebzelten«

Die Herstellung geht heute kaum anders, als schon bei der »Curiösen Köchin« im »Kleinen Nürnberger Kochbuch« von 1726 beschrieben:

> Nimm ein halb Pfund Mandel / klein gestoßen / nimm den safft von 3. oder 4. Limonien / darnach sie safftig sind / mische darunter ein Pfund Krafft-Meel / und ein Pfund schön gesiebten Zucker / und ein Zimmet Stüpp / so gesiebt sein muß / von Citronen die Schalen / das wircke alles wohl durch einander / schlage es auf eine Oblaten / bache es fein kühl.

> 280 g gemahlene Mandeln, Schale einer Zitrone, Saft von
> 3–4 Zitronen, 560 g Stärkemehl, 560 g Zucker, 2–3 Teelöffel
> gemahlener Zimt; rechteckige Backoblaten.

Einnahmeoblaten

Oblaten in der Hand des Apothekers

In »Siegfried von Lindenberg«, einem erbaulichen Roman des 18. Jahrhunderts, ist an unerwarteter Stelle von der Oblate die Rede. Der Autor, der damals vielgelesene J. Gottwerth Müller, räsoniert über die Tatsache, daß eine Sache (in diesem Fall die Erzählform des Romans) nicht für alle angemessen sei. Um das zu illustrieren, gebraucht er einen Vergleich:

Kindern giebt man ein Jalappenpulver am besten in einer Pflaume; Sie, Madame, schlagen es in ein Stückchen feuchter Oblate, und ein gesetzter Mann schluckt es, wie es da ist, frisch weg in einem Löffel voll kalten Wassers hinunter. (Anmerkung: Jalappenpulver ist ein bitter schmeckendes Abführmittel.)

Während man also den einen – hier den Kindern – eine Sache besonders schmackhaft machen müsse, und die anderen – in seinem Beispiel die Damen – überlistet werden wollen, ziehen die Dritten – natürlich die Männer – die direkte, unverblümte Form vor.

Über diese leicht nachzuvollziehende Einsicht hinaus gewinnen wir die Erkenntnis, daß offenbar im 18. Jahrhundert (der Roman erschien erstmals 1778) der Gebrauch von Oblaten als Einnahmehilfe für Arzneien weit verbreitet war. Und zwar offensichtlich nicht nur in der Weise, daß man in Oblaten gehülltes Pulver fertig in der Apotheke kaufen konnte, sondern auch zur Selbsthilfe: Wem seine Medizin zu bitter war, um sie einzunehmen, feuchtete ein

»Ein Mann ohne Geld ist wie ein Apotheker ohne Zucker.« (Altes deutsches Sprichwort)

Oblatenstückchen an, legte die gewünschte oder vorgeschriebene Menge des Pulvers darauf und preßte die Oblate zusammen. Diese selbstgefertigte Kapsel war äußerst gleitfähig und ließ sich mühelos einnehmen.

Wann diese Einnahmeart erstmals eingeführt wurde, ist nicht mehr genau feststellbar. Jedenfalls waren Oblaten von Anfang an in den

Apotheken zu Hause und dienten wohl schon in mittelalterlicher Zeit als Unterlage für Confecte (siehe auch Seite 29). Diese bedurften jedoch, da sie in Zucker konserviert waren, keiner Einnahmehilfe, und auch das Problem der Dosierung war mit der Zubereitung gelöst: Bei Pillen konnte man die vorzuschreibende Menge abzählen, die übrigen, zum großen Teil auch nicht allzu stark wirksamen Confecte konnten abgewogen werden. Das Pulver jedoch war im Gegensatz zu den zuckersüßen Confecten schlecht einzunehmen, zudem war die Dosierung nicht einfach.

Beide Probleme löste die Oblate: Was zunächst ein praktischer Behelf war, wurde mit der Zeit zur eingeführten Darreichungsform – Oblatenhersteller fertigten spezielle Arzneikapseln an – und hat sich für manche Arzneien, wie z. B. Chinin, sehr lange erhalten. Der Gedanke, ein Medikament zur Verdeckung des Geschmacks oder um die Wirkung etwas hinauszuschieben, in kleine Behälter einzuschließen, wurde jedoch weiterentwickelt, und so sind Kapseln unterschiedlicher Herstellungsweise aus der modernen Pharmazie nicht wegzudenken.

Aber auch die Industrie läßt sich noch gelegentlich von dem Gedanken anregen, daß man etwas, das zum Verzehr bestimmt ist, in einer eßbaren Hülle anbieten kann: Aus Amerika – woher sonst? – kommt die Idee, Oblatenbecher herzustellen, in denen Automatenrestaurants und Motels kalte und warme Getränke ausschenken sollen, und die – passend zum jeweiligen Drink in verschiedenen Geschmacksrichtungen von gesüßt bis pikant angeboten werden – vom Gast aufgegessen werden können. Wenn dies auch eine typische »Tellerwäscheridee« zu sein scheint, zum Millionär hat sie den Erfinder unseres Wissens nicht gemacht.

Schmalzgebackenes

Die in schwimmendem Fett gebackenen Krapfen und Küchlein, deren volkstümliche Bezeichnungen eine endlose Liste bilden, haben in Deutschland lange Tradition. Diese Rezepte – sie sind an Einfachheit oft nicht zu überbieten – waren so populär, daß man, wenn man von »Backen« oder »Gebackenem« sprach, nur an diese Garmethode dachte.

---

104. Kirschmus-Küchlein.

Nimm gut Kirschen-Mus/ streich es auf eine Oblate/ darnach lege über die geschmierte Oblate eine andere/ schneide sie fein eben: Du kanst sie klein und groß machen/ tuncke sie rund herum/ wo sie zusammen geben/ in Wein/ daß sie zusammen kleben/ und backe sie ab. Der Wein aber muß mit einem Ey und etwas Saffran angemachet werden.

An Fett wurde in der Küche unserer Vorväter nicht gespart: Einerseits war ihre Lebensweise ja oft genug mit strenger körperlicher Arbeit verbunden, was die Vorliebe für deftige, auch schwere Kost erklärt – und

andererseits stand nach damaliger Auffassung eine gewisse Leibesfülle jeder Frauen- oder Mannsperson nicht übel an. Und so buk man das ganze Jahr hindurch (erst später schränkte man diesen Gebrauch ein und aß »Gebackenes« hauptsächlich während der Wintermonate) alles, was sich ganz oder in Stücke geschnitten panieren oder durch die verschiedensten Teiglein ziehen ließ, in heißem Schmalz oder heißer Butter heraus: Von Äpfeln, Birnen und Kirschen über Rosinen und Zitronen bis zu Spinat und Salbeiblättern oder gar Veilchen (alle diese Vorschläge sind dem »Brandenburgischen Kochbuch« von 1732 entnommen).

Was aber tun, wenn nicht gerade Erntezeit war und die Früchte nur konserviert, in Form von Kompott oder Marmelade, vorhanden waren? Da lag es nahe, sich wieder der Backoblate zu bedienen, mit der man alle Arten von weichen und halbfesten Füllungen umschließen konnte. Man mußte nur ein passend zurechtgeschnittenes Oblatenstück mit der jeweiligen Fülle belegen oder bestreichen, eine zweite Oblate gleicher Größe darauflegen und die Ränder mit einem beliebigen Ausbackteig verschließen: Schon war das Küchlein fertig zum Ausbacken.
Zwar lesen wir bei Ludovicus de Avila im 1563 gedruckten »Bancket oder Gastmal der Hofe und Edelleut / Das ist Des Gesunden Leibes Regiment ...« eine ernste Warnung vor dem Verzehr von »Gebackens in küchleins weise«: »Alle ding die bereit werden inn einem teig oder küchels weiß/seind schedlich/unnd böser däwung ...«. Jedoch wird diese Wirkung, wie der Autor versichert, jederzeit von einer säuerlichen Obstfülle aufgehoben. In bestimmten Fällen, so räumt de Avila ein, haben die Krapfen geradezu Heilwirkung: »Seind doch nutz denen die vil feuchtigkeit haben / unnd die ihren leib trücknen und subtil machen wöllen / den hillft es.« Daß folgende traditionsreichen Rezepte ihren Leib subtil machen, kann den geschätzten Lesern nicht mit letzter Sicherheit versprochen werden; aber eine interessante Abwechslung beim Dessert bieten sie allemal.

Ohne Marzipan, so scheint es, geht es auch bei den Oblaten-Küchlein nicht. Beileibe nicht das einzige Rezept dieser Art ist das folgende, das wir im »Nürnberger Kochbuch« von 1702 finden und hier im Originaltext zitieren wollen:

122. Mandeln auf Oblaten gebachen/ noch anderst.

Röste Aepffel oder Birn in einem Schmaltz/oder süde sie/rühre dieselbige darnach in einer Schüssel ab. lege sie in eine Pfannen; mische Rosin/ Zucker und Zimmet darunter/ halte solches über das Feuer/ so gewinnet es eine Farbe; streiche sie auf Oblaten/ drucke eine andere Oblaten darüber/ und bestreiche es an beyden Oertern mit dem in vorher-gehenden beschriebenen Teig.

*** ** **

Oder:

Man kan auch eine Füll mit Feigen/ Quitten/ oder andern Latwergen anmachen; ist die Latwerge zu dick/ mag man ein wenig Wein damit aufsüden lassen/ ingleichen auch Zucker und Gewürtz darunter mischen und besagte Füll auf eine Oblat streichen: Oder man kan auch geriebenen Leb-Kuchen und Honig untereinander rühren/ auf die obbemeldte Oblate streichen/ und so darin eine andere darüber legen/ auf denen vier Seiten durch ein Teiglein ziehen/ und geschwind aus heissem Schmaltz bachen/ daß sie schön weiß bleiben.

250 g abgezogene, zweimal durchgemahlene Mandeln, etwas Rosenwasser, 150 g Zucker, 1 Messerspitze Zimt; rechteckige Backoblaten; Ausbackteig, wie in einem der folgenden Rezepte angegeben.

Von öpffeln und ihrer complexion

Alle öpffel je monder sie feuchtigkeit haben / je wohlriechender je besser / Ir geruch sterckt das hirn und herz. Es ist auch nicht gut daß den krancken vergundt werden rohe öpffel zu essen. Aber bereyt mit einem Conserva von zucker / oder gebraten mit zucker oder anis / haben sie keine roheyt.

(G. Ryff 1563)

Krapfen oder gefüllte Oblaten von Äpfeln

2–3 mehlige Äpfel, 10 getrocknete Feigen, 100 g Rosinen,
3–4 Eßlöffel Honig, 1/2 Teelöffel Zimt, 1 Messerspitze
gemahlener Ingwer, etwas Safran; rechteckige Backoblaten;
für den Ausbackteig: 100 g Mehl, ⅛ l Weißwein, 1 Prise
Salz, 1 Ei getrennt, 1 Teelöffel Öl, Ausbackfett.

Nach diesem Rezept von 1598 wird zunächst die Fülle hergestellt: Man
schält die Äpfel, befreit sie vom Kernhaus und schneidet sie klein. Feigen
und Rosinen werden sehr fein gewiegt und zusammen mit den Äpfeln in
Honig abgeröstet. Zuletzt schmeckt man die Masse mit den Gewürzen
ab. Für den Ausbackteig verrührt man das Mehl mit dem Weißwein und
der Prise Salz zu einem dünnen Teig, gibt dann das Eigelb mit dem Öl und
zuletzt das zu Schnee geschlagene Eiweiß dazu. Man schneidet quadratische Oblatenstückchen zu (von etwa 4 cm Seitenlänge), bestreicht die
Mitte einer Oblate dick mit der Fülle, legt eine zweite Oblate darüber,
taucht das Ganze anschließend an den Rändern in den Ausbackteig und
bäckt den Krapfen dann sofort schwimmend in heißem Fett aus.
Das Originalrezept dieser Krapfen von 1598 lobt die Wirkung derselben:

> Es dienet wol den kindern in bösen Husten
> so wol den alten
> es ist auch den Schwangern füglich im Husten.

(Ein köstlich new Kochbuch von allerhand Speisen ... Mit Fleiß
beschrieben durch F. Anna Weckerin)

Oblaten-Krapfen andere Art

Für den Ausbackteig: ½ l Weißwein, 1 nußgroßes Stück
Butter, 60 g Zucker, Mehl nach Bedarf, 3–4 Eier,
Ausbackfett; runde Backoblaten; zum Füllen: feine
Marmelade nach Wahl, z. B. Kirsch-, Himbeer-, oder
Hagebuttenmarmelade; zum Bestreuen: Zimt und Zucker.

Für den Backteig läßt man den Wein mit Butter und Zucker aufkochen und rührt dann so viel Mehl hinein, daß ein dicker Brei entsteht, den man unter ständigem Rühren weiterkocht, bis er sich vom Topfboden ablöst. Dann schüttet man ihn in eine Schüssel und verrührt ihn mit den Eiern zu einem flüssigen Teig. Man füllt je zwei Oblaten mit einem dicken Klecks Marmelade, taucht jedes Krapferl am Rand in den Backteig, bäckt sie sofort (damit die Oblaten nicht weich werden) in heißem Fett und bestreut sie mit Zimt und Zucker. »Die Marmelade soll durch die gelblich gebackene Oblate rot zu sehen, der Teigrand aber lichtbraun sein.«

Spiegelbrot

Für den Ausbackteig: 125 g geschälte, feingemahlene Mandeln, 70 g Puderzucker, 2 Eier, 1 abgeriebene, in Milch eingeweichte Semmel, kleingeschnittene, sehr dünn abgeschälte Schale einer halben Zitrone, Ausbackfett; zum Füllen: eingemachte Himbeeren oder entsteinte Kirschen oder Sauerkirschen; rechteckige Backoblaten.

Um diesen besonders feinen Backteig zu bereiten, den Friederike Löfflerin in ihrem 1795 erschienenen Kochbuch vorschlägt, verrührt man die Mandeln und den Zucker mit den Eiern, gibt die ausgedrückte Semmel und die Zitronenschale dazu und rührt so lange, bis die Masse »in der Dike wie ein Straubenteig wird«. Man schneidet Oblatenquadrate zu, legt auf die Mitte eines Oblatenstückchens etwas gut abgetropftes Obst, bedeckt dieses mit einer zweiten Oblate und taucht das Ganze an den Rändern in den Backteig. Anschließend backt man das Spiegelbrot sofort aus und bestreut es noch heiß mit Zucker.

Oblatenwürstel

100 g Puderzucker, Saft und Schale einer Zitrone, 1 Eiweiß, 100 g geschälte, geriebene Mandeln; rechteckige Backoblaten; zum Panieren: 1 Ei, Semmelbrösel, Ausbackfett.

Man verrührt den Puderzucker und Zitronensaft und -schalen mit dem zu Schnee geschlagenen Eiweiß wie für eine Glasur, vermengt diese dann mit den Mandeln und streicht die Masse auf längliche Oblatenstückchen (z. B. 7 × 4,5 cm), die man zu Würstchen zusammenrollt, in Ei und Bröseln wendet und sofort in heißem Fett ausbackt.

Wenn wir hier schon auf gebackene Spinat- und Veilchenblätter verzichten, so soll doch ein einziges Rezept zur Geltung kommen, das ein wenig aus dem Rahmen fällt. Bei so vielem Zuckerzeug rundherum wird man folgendes »Gebackens« wohl schätzen. Es eignet sich übrigens gut als kleine Vorspeise oder »amusegueule« (auf gut bayerisch: Schmankerl) zwischen zwei Gängen – und so wurde es schon bei der sagenhaften Landshuter Hochzeit 1475 beim Fürstenessen gereicht: als Zwischengang nach »Eingerührten Eiern« und »Gespicktem Fasan«. Womit es damals gefüllt war, können wir nur vermuten, aber im »Vollständig – Neuvermehrte(n) Nürnbergische(n) Kochbuch« von 1702 ist es folgendermaßen aufgeführt:

> **33. Ein gebachenes von Käß auf Oblaten/ noch anderst.**
>
> Reibe einen frischen Parmasan- oder/aus Mangel desselben/einen andern aufen Käs / schlage Eyer daran/ mische ein wenig Semmel-Mehl und Zucker darunter / gülbe diesen Teig mit Saffran / und mache ihn also in einer mittel-mässigen Dicke zusammen: schneide etliche Oblaten / doch jedesmal zwey in einer Grösse/ nach Gefallen; bestreiche sie einwendig mit erst-besagtem Teig/ lege es dann auf einander/ bache sie geschwind aus Schmaltz / wende sie bald darinnen um/ und überstreue sie im Auftragen mit Zucker.

50 g geriebener Parmesan- oder anderer Käse, 2 Eier,
Semmelbrösel nach Bedarf, 1 Prise Zucker, etwas Safran;
rechteckige Backoblaten; zum Eintauchen: verklopftes Ei;
Ausbackfett.

Siegeloblaten

Wie die Oblaten
in die Schreibschatulle
kamen

Längst ist nicht alles erzählt, was die Eigentümlichkeit der auf den ersten Blick so unscheinbaren Oblate ausmacht! Zögern wir also nicht, das vorerst letzte (weitere sind denkbar) Kapitel ihrer Geschichte aufzuschlagen – die wir uns natürlich als auf Oblatenblätter geschrieben denken wollen!

Je mehr wir über diesen besonderen Gegenstand erfahren haben, um so schwieriger wurde es, ihn einzuordnen und ihm seinen Platz in der Kulturgeschichte zuzuweisen. Es scheint im Wesen der Oblate zu liegen, daß sie sich so vielen unterschiedlichen Verwendungsarten anpaßt, die dennoch untereinander in Beziehung stehen (man denke z. B. an die bis ins Mittelalter zurückreichende Verbindung von Kirche und Apotheke). Einige Bereiche, in denen die bescheidene Oblate eine interessante oder gar bedeutende Rolle gespielt hat, wurden bereits angesprochen. Bescheiden kann die Oblate dabei mit Fug und Recht genannt werden, denn, welchem Zweck sie auch gerade dient, ihre reale Gestalt tritt dabei ganz in den Hintergrund, und immer ist sie nur Mittel – wenn auch in ganz entscheidender Funktion. Ob sie nun ihre erste Aufgabe erfüllt und im Mittelpunkt der heiligsten liturgischen Handlung steht, ja, das Allerheiligste selbst darstellt – nicht sie selbst, sondern Christi Leib wird von den Gläubigen in ihr verehrt. Und kann schon bei ihrer Verwendung in Küche und Backstube von ihrem materiellen Charakter nicht abgesehen werden – am fertigen Produkt wird niemals

die Oblate, sondern die mehr oder weniger köstliche Auflage gelobt, wenngleich diese für sich allein nicht so herstellbar gewesen wäre. In der Apotheke gar wurde ihr eine völlig untergeordnete Rolle zugewiesen, und so sehr die Oblate auch das Einnehmen bitterer oder sonstwie schlecht schmeckender Arznei erleichterte und in vielen Fällen erst ermöglichte, die Wirkung des Medikaments ist unseres Wissens in keinem einzigen Fall mit der braven Oblate in Zusammenhang gebracht worden.

Und doch ist sie weder aus der Kirche noch aus der Küche wegzudenken und war in der Apotheke, wie man weiß, ebenso dienlich wie – wen mag es noch wundern? – in der Amtsstube. In der Tat war die Oblate in vergangenen Zeiten auf dem Pult jedes Sekretärs und jedes Kanzlisten zu finden, der Notar hatte sie ebenso in Händen wie der Gerichtsschreiber, und selbst in einem Reiseschreibzeug durfte sie nicht fehlen: »Sie packte die Oblaten und die Stahlfedern ein . . .« lesen wir etwa in Immermanns großem Roman »Münchhausen«.

Aber nicht zum Beschreiben gebrauchten jene die Oblate – wenn sie die Geschichte auch schon in dieser Funktion gesehen hat. In seinen abenteuerlichen Memoiren beschreibt Henry Masers de Latude, ein Reisender des 18. Jahrhunderts, der in Spionageverdacht geriet und darauf 35 Jahre unschuldig im Kerker schmachtete, wie er auf den Gedanken kam, vermittels einer Oblate ein Lebenszeichen in die Freiheit zu senden, das helfen sollte, seine Gefangenschaft abzukürzen: Aller anderen Möglichkeiten beraubt, schrieb er – statt mit Tinte – mit seinem eigenen Blut eine Botschaft auf die Oblate, die dann – dank ihrer unauffälligen Gestalt – ohne weiteres aus dem Gefängnis zu schmuggeln war.

Nicht zum bloßen Ausfertigen der Schriftstücke diente also die Oblate, sondern – und damit verlieh sie ihnen erst ihre Gültigkeit – *als Siegel.* Seit dem frühen 17. Jahrhundert waren durch die Verwendung in der Küche die Materialeigenschaften der Oblate ja

sattsam bekannt, und man hatte gesehen, daß das in trockenem Zustand so spröde Täfelchen nach dem Benetzen mit Wasser äußerst flexibel war und hervorragende Klebeeigenschaften hatte.

Die Herstellung von Siegeln hingegen war seit ihrer Einführung stets mit Problemen verbunden gewesen. Da das Siegel allein einer Urkunde Rechtmäßigkeit und Glaubwürdigkeit verlieh, mußte bei der Herstellung der Siegel darauf geachtet werden, daß sie möglichst dauerhaft waren – schließlich war der Überbringer einer solchen Urkunde unter schwierigsten Reisebedingungen oft monatelang unterwegs – und daß eine Fälschung ausgeschlossen war. Zwar drohte Siegelfälschern im Mittelalter peinliche Bestrafung (nach der Überlieferung wurden sie bei lebendigem Leib im Kessel gesotten), und selbst der Verlust eines Siegels wurde gewöhnlich mit dem Tode geahndet; beim bloßen Verdacht auf Fälschung wurden die entsprechenden Siegel sofort aus dem Verkehr gezogen oder auffallend abgeändert. Doch ungeachtet dieser Maßnahmen, suchte man ständig Mittel, die Siegel sicherer zu machen, ohne daß die Handhabung allzu schwierig würde.

Sowohl die anfangs üblichen Wachssiegel als auch der erst im 16. Jahrhundert aufkommende Siegellack (eine meist rot eingefärbte Mischung aus Schellack, Terpentin und Zinnober) hatten den Nachteil großer Empfindlichkeit gegenüber Beschädigungen. Dazu kam, daß Wachssiegel besonders leicht zu manipulieren waren. Es wurde daher seit dem 12. Jahrhundert üblich, die Siegel vom Schriftträger (damals noch Pergament) zu trennen und von Metall- oder Holzkapseln umschlossene Wachsabdrücke mit Pergamentstreifen oder Schnüren an die Urkunde anzuhängen. Als sich jedoch im 15. Jahrhundert das Papier als Beschreibstoff durchsetzte, mußte man wieder zu den aufgedruckten Wachssiegeln zurückkehren – das weichere Bütten konnte nicht mit den schweren Siegelkapseln belastet werden – und stand wieder vor dem alten Problem.

Das Wachs wich mit der Zeit dem Siegellack, ohne daß dies eine wesentliche Verbesserung bedeutet hätte, der Gebrauch der Siegel aber nahm immer mehr zu. Da die Papierbogen im Format kleiner waren als das Pergament, mußten nun häufig mehrere Blätter mit Hilfe eines Siegels zusammengeheftet werden. Außerdem wurde es üblich, Schriftstücke so zu verschließen. Da der Siegellack nicht für alle Verwendungszwecke ideal war, ersann man als Weiterentwicklung des Wachssiegels das Papierwachssiegel. Dabei wurde auf das zu siegelnde Dokument zunächst das erwärmte Wachs aufgetragen, dieses dann mit einer Papierdecke belegt, die anschließend mit dem hölzernen oder metallenen Stempel zu prägen war. Die Papierauflagen wurden zuvor kreisrund, rhombenförmig, quadratisch oder in phantasievollen Sternformen zugeschnitten, was dem Siegel eine zusätzlich dekorative Wirkung verlieh. Durch die Verbindung von Wachs und Papierschichten war das Siegel nun wesentlich stabiler und dabei vor Fälschung sicherer. Hinzu kam, daß sich der Stempel auf dem Papier viel schärfer ausprägte und so leichter zu lesen war. Demgegenüber war die Anwendung alles andere als einfach, da das Wachs immer noch umständlich erwärmt werden mußte.

Und hier trat nun die Oblate auf den Plan! Dank ihrer bekannten Vorzüge konnte sie den Vorgang entscheidend vereinfachen helfen: Man mußte nun nur noch eine Oblate anfeuchten, sie zwischen Urkunde und vorbereitetes Papierstück legen und schließlich den Stempel aufdrücken. Das ging sauberer und schneller, erforderte geringeren Materialaufwand und war vor jeglicher in Fälschungsabsicht vorgenommener Manipulation sicher; denn nach dem Trocknen erlangte die Oblate ihre natürliche Sprödigkeit wieder, die es unmöglich machte, das Siegel abzulösen, ohne die Oblate zu zerbrechen.

Wer auch immer als erster auf den Gedanken kam, das Wachs durch die Oblate zu ersetzen – vielleicht ein findiger geistlicher

Sekretarius? –, der Dank von Generationen von Briefschreibern ist ihm gewiß, denn seine Erfindung sollte alle anderen Siegelmethoden überdauern. Indes ruhte teutonischer Erfindungsgeist nicht und wollte immer neue Entwicklungen an die Stelle der Oblate setzen: 1805 veröffentlichte das »Journal für Fabriken, Manufakturen, Handlung, Kunst und Mode« eine neue Erfindung, derzufolge die Oblaten aus Hausenblase und feinem Papier herzustellen waren, und um die gleiche Zeit berichtete ein anderes Blatt, »Der Handwerker und Künstler Fortschritte«, ebenfalls von neuen Oblaten aus Fischleim. So genial dies den Erfindern scheinen mochte, vom Gebrauch solcher »Ersatzoblaten« ist nichts bekannt. Hingegen waren die gewöhnlichen Oblaten bis in unsere Zeit (vor allem für notarielle Zwecke) als Siegel im Gebrauch.

Schon im 17. Jahrhundert hatte sich die Siegeloblate für den amtlichen Gebrauch durchgesetzt, und im 18. und 19. Jahrhundert wurde sie auch im privaten Schriftverkehr immer beliebter. So heißt es etwa bei Auerbach: »Wenn Ihr mir schreibt . . . siegelt nicht mit Siegellack, sondern mit Oblaten«, womit offensichtlich gemeint ist, daß das Briefgeheimnis von einer Oblate besser gehütet wird als mit Siegellack.

Äußerlich war das neue Siegelverfahren vom alten kaum zu unterscheiden, zumal für diesen speziellen Gebrauch bald eigens gefertigte Oblaten in mancherlei Größen und Farben angeboten wurden. Die Farben dunkel- und hellblau, braunrot, gelb und grün wurden meist mit – unschädlichen – Pflanzenpigmenten erzielt, die gängige Siegelfarbe rot wurde mit Hilfe einer mehr oder weniger starken Krapp- oder Japanholzabkochung hergestellt, die ebenfalls sehr gebräuchlichen schwarzen Oblaten verdankten schließlich ihre Farbe der Zugabe von etwas fein gepulvertem Kienruß oder chinesischer Tusche. Man mußte aber damit rechnen, daß Siegeloblaten giftige Farbstoffe, z. B. aus Blei- oder Kupferoxyden, enthielten. Man liest daher immer wieder Warnungen, sie keinesfalls mit dem Mund, sondern nur mit Wasser anzufeuchten.

Natürlich blieb es jedem unbenommen, zu Siegelzwecken auch die gewöhnlichen Backoblaten zu verwenden, die erst auf die passende Größe zuzuschneiden waren, oder farbige Siegeloblaten selbst zu fabrizieren. In einer Frauenzeitschrift von 1748 mit dem einschlägigen Titel »Aufrichtige und bewährte Nachrichten von allem ersinnlichen Koch- und Backwerk« finden wir folgende Anleitung:

Oblaten zu machen

Nehme 4 Loth Zinober oder 8 Loth Menning, 4 Loth zu
Mehl gestossene und durchgesiebte Kreide, 16 Loth fein
Meel, und von 2 Aiern das Weiße, knette es zu einem Taig
durcheinander, würcke es aus wie Nudeln, stich sie mit
einem Fingerhut aus, und lasse sie trocken werden.

Dürfen wir aus dem Abdruck dieses Rezepts schließen, daß Mitte des 18. Jahrhunderts die Siegeloblaten noch nicht überall oder wenigstens nicht immer in den gewünschten Größen zu kaufen waren? In jedem Falle ist die Zeitungsnotiz aber für uns interessant, weil sie dokumentiert, daß zu jener Zeit ein Bedarf an diesen Oblaten für private Zwecke bestand. Und fingerhutgroß sollten sie also sein, die Oblaten, mit denen »junge Frauenzimmer« ihre Briefe zu verschließen gedachten, denn noch wurde statt eines Briefumschlags der Bogen selbst gefaltet und, je nach Format und Faltung, mit mehreren Siegeln verschlossen, oder, wie bei der Oblate, verklebt. Zuletzt konnte die junge Dame nach dem Vorbild der Amtssiegel ihren Siegelring oder ihr Petschaft auf die noch feuchte Oblate drücken. Wie nüchtern, ja geradezu mechanisch mutet dagegen das heute übliche Verschließen eines Briefes mit gummierten oder selbstklebenden Umschlägen an! Und um wieviel liebloser geschieht heute das Öffnen gegenüber dem damals erforderten sorgsamen »Er-Brechen« der Siegel! Wen aber heute die Laune ankommt, einen besonderen Briefinhalt mit zarten Oblaten zu »besiegeln«, der mag sich immerhin an obiges Rezept halten.

Rezept-Register

Bibliographie

Allgemeines Küchenlexikon für Frauenzimmer . . ., Leipzig 1794

Arnoldus de Villa nova. Tractatus chemicus des alten, hocherleuchten Philosophi, Theologi und Medici . . ., o. O. 1611

Aufrichtige und bewährte Nachrichten von allem ersinnlichen Koch- und Backwerck . . ., Stuttgart 1749

Avila, Luis Lobera de. Bancket oder Gastmal der Hofe und Edelleut . . ., Frankfurt a. M. 1563

Corvinus, Gottlieb Siegmund Amaranthes. Nutzbares, galantes und cürieuses Frauenzimmer-Lexicon . . ., Leipzig 1773

Davidis, Henriette. Praktisches Kochbuch für die gewöhnliche und feinere Küche . . ., Bielefeld 1854

Der aus dem Parnasso ehmals entlauffenen vortrefflichen Köchin . . . Gemerck-Zettul . . ., Nürnberg 1691

Hagger, Conrad. Neues saltzburgisches Koch-Buch . . ., Augsburg 1719

Koch und Kellermeisterey / von allen Speisen und Getrencken viel guter heimlicher Künste . . ., Frankfurt a. M. 1571

Löffler, Friederike Luise. Oekonomisches Handbuch für Frauenzimmer, Stuttgart 1800

Magdeburgisches Kochbuch für angehende Hausmütter, Haushälterinnen und Köchinnen . . ., Magdeburg 1804

Meixner, Maria Elisabetha. Das neue, große, geprüfte und bewährte Linzer Kochbuch . . ., Linz 1807

Montagné, Prosper. Larousse Gastronomique, Paris 1938

Neubauer, Peter. Wienerisches Kochbuch, oder Unterricht, wie man alle Arten von Fastenspeisen, Backereyen . . . zurichten soll . . ., Wien 1791

Neuestes vollständiges Nürnberger Kochbuch für alle Stände . . ., Leipzig 1802

Neudecker, Maria Anna. Die bayerische Köchin in Böhmen . . ., Karlsbad 1805

Nouveau Confiseur francais . . ., Dijon & Paris 1827

Rottenhöfer, Julius. Illustriertes Kochbuch . . ., München 1904

Rontzier, Franz de. Kunstbuch von mancherley Essen . . ., Wolfenbüttel 1598

Rumpolt, Markus. Ein new Kochbuch . . ., Frankfurt a. M. 1581

Ryff, Walther Hermenius. Confectbuch und Hauß Apoteck . . ., Frankfurt a. M. 1571

Ryff, Walther Hermenius. New Kochbuch, Frankfurt a. M. 1564

Ryff, Walther Hermenius. Spiegel, unnd Regiment der Gesundtheyt . . ., Frankfurt a. M. 1555

Schandri, Marie. Marie Schandri's berühmtes Regensburger Kochbuch, Regensburg 1899

Schellhammer, Maria Sophia. Das brandenburgische Kochbuch . . ., Berlin & Potsdam 1732

Schellhammer, Maria Sophia. Der wohl-unterwiesenen Köchinn zufälliger Confect-Tisch . . ., Braunschweig 1699

Wecker(in), Anna. Ein Köstlich new Kochbuch von allerhand Speisen . . ., Amberg 1598

Ein heißer Tip: BLV Kochpraxis

Vincenzo Buonassisi: **Nudel & Nudel**

Die besten Rezepte Italiens für Spaghetti, Makkaroni, Lasagne, Canneloni, Tagliatelle, Gnocchi, Tortellini und Anregungen für interessante Variationen. 2. Auflage, 128 Seiten, zahlreiche Zeichnungen

Rotraud Degner: **Ideenreiche Resteküche**

Über 300 schmackhafte Gerichte aus Resten von Fisch, Fleisch, Geflügel, Wild, Brot und Käse – mit frischen Zutaten kombiniert.
142 Seiten, 4 Farbfotos

Gunvar Dumrath: **Paradiesische Apfelküche**

Rezeptideen für das Kochen und Backen mit Äpfeln. Informationen über die verschiedenen Apfelsorten und wertvolle Hinweise zu Lagerung und Konservierung.
110 Seiten

Veronika Müller: **Überbackenes, Aufläufe und Puddings**

Erprobte Rezepte für Pikantes und Süßes aus dem Ofen: Flans, Gratins, Soufflés, Aufläufe und Puddings. Wissenswertes über geeignete Kochgeschirre und Küchentechniken.
139 Seiten, 9 Farbfotos, 6 Zeichnungen

Emil Reimers: **Köstliches aus der Pilzküche**

Über 150 Rezepte für Sammler und Feinschmecker sowie Informationen über Zubereitung, Lagerung und Haltbarmachung.
120 Seiten, 41 Farbfotos

Annette Sander: **Eintopfküche für Feinschmecker**

56 Eintopfgerichte aus 23 Ländern mit passenden Vor- und Nachspeisen. Getränkevorschläge und Informationen über die Herkunft der Gerichte.
139 Seiten

In unserem Verlagsprogramm finden Sie Bücher zu folgenden Sachgebieten:
Garten und Zimmerpflanzen · Natur · Haus- und Heimtiere · Angeln, Jagd, Waffen · Sport und Fitness · Wandern und Alpinismus · Automobile · Bavarica · Essen und Trinken · Basteln, Handarbeiten, Werken.
Wünschen Sie Informationen, so schreiben Sie bitte eine Karte an:

BLV Verlagsgesellschaft Postfach 40 03 20, 8000 München 40.